朝一番の掃除で、あなたの会社が儲かる

不懂整理术
你怎么带团队

[日] 小山升 著　周志燕 译

江西人民出版社
Jiangxi People's Publishing House
全国百佳出版社

图书在版编目（CIP）数据

不懂整理术，你怎么带团队 /（日）小山升著；周志燕译. — 南昌：江西人民出版社，2017.3

ISBN 978-7-210-09080-9

Ⅰ.①不… Ⅱ.①小… ②周… Ⅲ.①中小企业 - 企业管理 - 经验 - 日本 Ⅳ.①F279.313.43

中国版本图书馆CIP数据核字（2017）第003461号

[KETTEIBAN] ASA ICHIBAN NO SOUJI DE, ANATA NO KAISHA GA MOUKARU!
by Noboru Koyama
Copyright ©2014 Noboru Koyama
Simplified Chinese translation copyright ©2017 by Beijing Xingshengle Book Distribution Co., Ltd.
All rights reserved.
Original Japanese language edition published by Diamond, Inc.
Simplified Chinese translation rights arranged with Diamond, Inc.
through Beijing GW Culture Communications Co., Ltd.

版权登记号： 14-2016-0376

不懂整理术，你怎么带团队

（日）小山升著；周志燕译

责任编辑 / 王华　胡小丽

出版发行 / 江西人民出版社

印刷 / 天津安泰印刷有限公司

版次 / 2017年3月第1版

2018年3月第3次印刷

880毫米×1280毫米　1/32　8.75印张

字数 / 130千字

ISBN 978-7-210-09080-9

定价 / 35.00元

赣版权登字-01-2017-1

清晨扫除（＝环境整理）的7大优点

① 让员工与社长的价值观达成一致

② 让"必须做的工作"一目了然

③ 让弱小的公司拥有强有力的武器

④ 让徒劳无用的加班减少至零

⑤ 让女兼职员工、合同制员工成为最强大的战斗力

⑥ 让库存大幅度减少，显著改善资金周转状况

⑦ 让公司内部变得干净，让员工获得快速成长

清晨扫除（＝环境整理）的定义
· 所谓环境整理，即"整顿""整理"，容易开展工作的"环"境

让环境整理工作在公司扎下根的方法
· 环境整理检查的分数与评价
· 请人视察公司，制造"外部压力"
· 定期检查

所谓"整理"，即"舍弃物品"，
· 定期设立"物品舍弃日"
· 闭着眼睛也觉得"哪天会用到"的物品

所谓"整顿"，即"使物品摆放整齐"，
· 使用颜色、记号、数字，开展定位管理
· 物品的朝向，由员工规定

一眼就能看出变化！由10个项目构成的"环境整理检查表"

检查日期：　　年　　月　　日

部门名称：

序号		内容	总分	评价	分数
1	礼仪	巡察时，能打招呼（起立）。	10		
2	整顿	有环境整理的作业计划表，且实际成绩都已记录下来。	10		
3	整顿	在领地地图中记录着实际成绩（没有与作业计划表不一致的地方）。	10		
4	整顿	日光灯的朝向一致。	10		
5	整顿	在环境整理的实施计划书中记录着实际成绩。	10		
6	清洁	厕所的马桶很干净（有备用卷纸）。	10		
7	整顿	张贴物的四个角都被钉固定住（除日历、浮签等可翻开的物品外）。	10		
8	整理	地板上没有垃圾（边长1cm以上）。	10		
9	整理	仓库中没有与工作无关的物品。	10		
10	整顿	环境整理的工具摆放场所遵照三定、目视管理法（朝向一致）。整体印象 A20分 B10分 C5分	10\n20		
11					
12					
13					
14					
15					
16					
17					
		合计	120		

※ 所谓三定，即规定放哪里，放什么，放多少。

这张 5000 日元的纸币的朝向不同于其他纸币，是因为我刚用 1 万日元的纸币支付了数额为 4330 日元的打车费

生活费放左侧

玩钢球游戏的钱放右侧

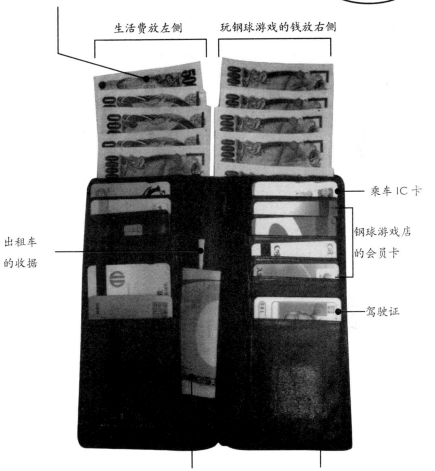

出租车的收据

乘车 IC 卡

钢球游戏店的会员卡

驾驶证

中间放员工托我保管的存款

20 年前的钱包，缝缝补补，一直用到现在

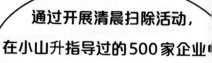

通过开展清晨扫除活动，在小山升指导过的500家企业中有100家取得史上最高收益！

在东日本大地震中，价值1亿5000万日元的库存被摧毁的岛商会，仅花了2年时间便取得"史上最高销售额"

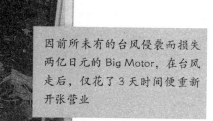

因前所未有的台风侵袭而损失两亿日元的Big Motor，在台风走后，仅花了3天时间便重新开张营业

得斯清分店内经过整顿的文具和物品

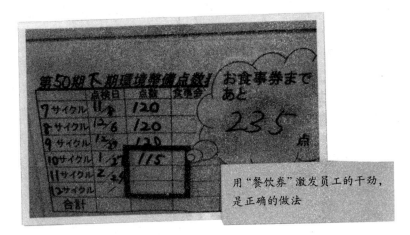

用"餐饮券"激发员工的干劲，是正确的做法

被烧掉一半的 NSKK 的拉面馆，销售额是前一年的 125%！

重建后

让员工精心整顿如1张报纸大小的"狭小空间"

使用"iPad mini"开展每月一次的"环境整理检查"

在第3次挑战中获得"日本经营品质奖"的"滋贺大发贩卖"

前言

武藏野株式会社 [①]（位于东京都小金井市），每年都组织全体员工外出旅游。

第 50 期（2013 年）的旅游目的地是，位于石川县的老字号旅馆——加贺屋旅馆。晚上的大型宴会是本次旅游的压轴戏。在干杯前，全体员工（180 人）都站起来互相倒酒。

大家都早早地站起来，是有原因的：若悠然自得地坐着，前来倒酒的人便会蜂拥而至。而且，倒入酒杯的酒，必须一饮而尽。那么，最后会如何呢？最终的结果是，被灌得烂醉如泥。因此，为了不被灌倒，武藏野的员工都纷纷"在被倒酒前给同事倒酒"。

在玩游戏期间，全体员工都聚集在舞台前。每个人都在舞台前情绪高涨地玩游戏，无暇品尝名门旅馆的菜肴。

宴会开始 10 分钟后，加贺屋的负责人来到我的身旁，和我说："贵社员工营造的热烈气氛，在敝馆史上堪称数一数二！"

他说得没错。因为宴会现场的气氛已热烈到"榻榻米偏离原位"的程度。10 分钟后，该负责人特意前来更正他之前的说法："没有第二，只有第一。"

虽然每次都是闹到"不可开交"的程度，但我们并非毫无秩序。全体员工都彻底遵守"宴会开始前，5 分钟之内，全体入座；宴会

---

① 株式会社，即我们常说的股份有限公司。——译者注

结束后，5 分钟之内，全体离席"这一规定。这是一个很高的要求。

在宴会举行期间，我们还给旅行社的陪同倒酒。如果陪同喝酒时穿着西服、打着领带，就很可能被他的领导训斥说"工作期间不认真"。因此，我让陪同和员工穿一样的浴衣。如此一来，大家就无法分清谁是武藏野的员工，谁是陪同。如果陪同以"我正在工作中"为理由不肯换衣服，我就会摆明我的态度："如果这样，明年我们就找别的旅行社。"我一摆明我的态度，他就会马上去换衣服。我之所以劝陪同喝酒，是想让在场的所有人都拥有"一体感"。

如果已加入纽约洋基队的田中将大 [1] 投手说"我喜欢乐天队 [2]"，并穿着乐天队的球衣站在洋基队棒球场的投手土台上，会发生什么情况？毫无疑问，球迷和洋基队的其他选手都会生气。

所谓成为团体的一员，即拥有一体感，与团体中的人拥有相同的文化。拥有一体感的团队，很强大。因为每个人都能听话地执行领导制定的方针，不会拘泥于自己的喜好。

第二天早晨，我们按照预定的时间分乘四辆客车前往得斯清和仓工厂考察。工厂的负责人似乎认为："昨晚刚办过大型宴会，应该有喝多的员工，今天或许会迟到吧！"但是，我们让这里的负责人也吃了一惊。我们按时出发，比预定时间还早到了一会儿。

参观工厂时，我将 180 名员工分成 8 组。我通过让大家用 iPad 共享信息，来检验各组员工的行动速度。当出现行动较慢的小

---

[1]　田中将大：日本职业棒球运动员。——译者注
[2]　乐天队：即东北乐天金鹰队，是一支隶属日本职棒太平洋联盟的球队。——译者注

组时，我会发出"缩短某某部分的讲解时间，先往前推进"的指示。因此，无论哪个小组都能按时间要求快速行动，按时结束工厂的参观活动。

在规定的时间内，在规定的场所，按照规定行动。武藏野制定的纪律，可以让员工做到以上这一点。

我们公司，既有大学毕业生、水平接近初中毕业生的高中毕业生，还有原先是飞车党、年龄稍大的初中毕业生。之所以全体员工都能一个不落地朝着相同的方向行动，是因为**大家拥有相同的价值观**。

在经营协助会员①中，有位社长，曾以半开玩笑的方式问我以下这个问题：

"武藏野的一体感，好比以去甲子园球场②比赛为目标并常常作为比赛方光临球场的学校的一体感啊！我们是不是甚至可以说，武藏野能打败日本自卫队？"

答案是：YES！如果武器的效率相同，武藏野有不输给自卫队和警察的自信。确实，武藏野有腕力也是个事实——因为有的干部原先是飞车党。但是，武藏野有自信并不仅仅因为这一点。除此之外，还因为：如果作为领导的我命令"向右转"，全体员工就能马上向右转；对我命令他们做的事情，他们没有任何疑问，均能立即执行。

---

① 这里的会员是指接受武藏野的咨询服务的会员。——译者注
② 甲子园球场，位于日本兵库县西宫市甲子园町，修建该球场的主要目的是举办全国高中棒球比赛。——译者注

正因为**"全体员工都拥有与社长相同的价值观"**，所以武藏野很强大。我们公司以打造**"最强的组织"**为目标，彻底开展**"让全体员工拥有共同的价值观的工作"**。那么，我们具体做什么呢？答案是——**清晨让全体员工花 30 分钟扫除。**

通过开展**"清晨扫除活动"**，武藏野已成为比自卫队还强的组织。**"扫除"**是武藏野强大的秘密，大家相信吗？这确实是真的。**"清晨扫除活动"**包含很多**经营的原理原则**。

在武藏野，我们将**"清晨扫除活动"**称为**"环境整理"**。在我就任社长的 1989 年，武藏野的年销售额约为 7 亿日元，而现在约为 48 亿日元。因为通过全体员工坚持不懈地开展"清晨扫除活动"，武藏野已养成超高收益体制。

为什么身为**"落后集团"**的武藏野比自卫队还强？为什么我通过开展**"清晨扫除活动"**，就能让员工拥有共同的价值观？在本书中，我会为大家解释其缘由。

2007 年，我出版了《早晨花 30 分钟扫除，让公司变成能挣钱的公司》（钻石社）。这本书主要介绍武藏野的"环境整理术"的机制，迄今为止已加印 9 次。让我开心的是，现在仍然有很多人在读这本书。不过，现在和当时相比，日本经济所处的环境已发生了天翻地覆的变化。

在这 7 年间，我们也大幅度改进了武藏野的环境整理术的机制。现在，在武藏野，我免费为全体员工发 "iPad mini"，目的是实现信息的共享和无纸化办公。得益于 "iPad mini" 的帮助，在每月开展一次的**"环境整理检查"**中，信息共享的速度有了显著的提升。

虽然我们公司一直花"30分钟"开展扫除活动，但在经营协助会员中，可以看到很多花"15分钟"或"25分钟"的例子。

老实说，现在与7年前相比，武藏野的环境整理术的精度与我们坚信**"打造强大的公司只能依靠环境整理"**的程度，完全不同。

现在，我能充满信心地将本书送到领导、下属、兼职员工等所有从事工作的人的手中——不仅限于经营者和经营骨干。

与此同时，在阅读拙著后开展环境整理工作（清晨扫除活动）的公司，也纷纷传来了成功的消息。

我本人也因此获得了"这是种开创行业先河的做法"等众多评价。于是，我的心中涌现了重新撰稿并出版收录有30家公司的成功事例的**"决定版"**——并非拙著的改订版——的想法。

2007～2014年，日本经济遭遇了百年一遇的"3大冲击"：

①雷曼兄弟破产（2008年9月）

②东日本大地震（2011年3月）

③消费税率提升至8%（2014年4月）

受这些冲击的影响，连身为汽车行业的佼佼者的丰田汽车，都曾一度陷入经营的谷底。这7年里，小公司应该会过得更加艰辛吧！此外，政府预定从2015年10月起将消费税率提升至10%[①]。因此，我们的经营环境将日趋严峻。

尽管经营环境如此恶劣，但拥有比自卫队还强大的团队的武藏野，不仅是**日本第一家两次获得"日本经营品质奖"（2000年度、2010年度）的公司**，还创下了**连续12年增收增益**的记录。

---

① 最后决定于2017年4月1日开始实施。——译者注

值得注意的是，在2000年度获奖时，武藏野是被评为推行"自上而下的管理方式"[1]的公司，而在2010年度获奖时，武藏野已是管理方式"**由自上而下转为自下而上**[2]"的公司了。

或许一提到武藏野，大家的印象都是"这是一家采取自上而下的管理方式的公司"，但实际上并非如此。

从2000年到2010年，武藏野花了10年时间将自上而下的管理方式转变为自下而上的管理方式。换言之，如今的武藏野不再是一家员工在社长的斥责声中工作的公司，而是一家彻底培育能在独立思考后开展行动的正式员工、合同制员工、兼职员工的公司。

这7年来，我从本书收录的30家公司那儿学到了很多东西。在陷入危机时依然一丝不苟地实践"清晨扫除术"的公司，很强大！为什么呢？

因为**"清晨扫除活动"（="环境整理"），就是经营的基础。**现正在实践环境整理术的经营协助会员 Big Motor 株式会社的兼重宏行社长（员工2650名）和**宫川商店有限公司**的星浩司社长（员工60名），曾说过以下两句话：

"环境整理是**经营的一切**。"

"环境整理是**经营的根本**。"

那么为什么环境整理是经营的"一切"？为什么"区区一个扫除"就能改变公司？其原因是，"环境整理"作为让销售额呈 V 字型恢复的王牌，具有价值不可估量的"7大优点"：

①让员工与社长的价值观达成一致；

②让"必须做的工作"一目了然；

③让弱小的公司拥有强有力的武器；

④让徒劳无用的加班减少至零；

⑤让女兼职员工、合同制员工成为最强大的战斗力；

⑥让库存大幅度减少，显著改善资金周转状况；

⑦让公司内部变得干净，让员工获得快速成长。

如果养成了整顿环境的习惯，社长和员工的价值观就会逐渐趋于一致。因此，即使出现了严重影响公司生存的危机，也能营造出上下同心、全体按照社长的指示行动的公司氛围。

没有文化的公司，在遭遇危机时，是无法摆脱危机的。因为员工的价值观各不相同，他们团结起来的力量很小。而通过开展环境整理工作让社长和员工拥有相同价值观的公司，可以变成非常强大的公司。因为"员工可以准确而迅速地执行社长的决定"。

在第5章中，我介绍了30家公司。在这30家公司中，既有因东日本大地震而陷入毁灭状态的**岛商会株式会社**，也有因前所未有的大台风而损失两亿日元的 **Big Motor 株式会社**。

由于总社位于距离东京电力福岛第一核电站20.5千米的地方，所以在收到避难劝告后，**岛商会"连续两个月零销售额"**。但是，在避难劝告解除后，岛商会仅花了1周时间便恢复了工作环境，仅花了两年时间便创下**"史上最高销售额"**的记录。

Big Motor 株式会社在前所未有的大台风离去后仅花了3天时间便重新开张营业，而且如今它已成为**"本行业日本第一"**。

你能相信吗？为什么这两家公司能在濒临毁灭的状态中迅速崛起？

他们拥有环境整理这个武器，是这个问题的唯一答案。

安倍政权提出，"有效利用女性人才"是未来成长战略的核心。迄今为止被称为"为赚零用钱而工作的主妇"的女兼职员工、女合同制员工，在今后的时代，不仅不会被视为雇用的"调节阀"，还会被不断提升**战斗力**。

那么，如何做才能激发她们的干劲呢？答案非常简单：只要引入环境整理术，就能迅速激发出她们的干劲。激发出她们的干劲的好处是，不仅公司内部的气氛能活跃起来，利润也能有所提升。

迄今为止，我出版了近 60 本书。我一直认为，本书是唯一一本可以称作是武藏野的**"宪法"**的书。我之所以断言本书就是武藏野的"宪法"，是因为从我就任社长的 1989 年到现在的 25 年间，我的决心——"在环境整理方面绝不可输给任何公司"——给公司带来了**销售额约增加 7 倍、毛利约增加 9 倍**的实际效益。

请看一下贴在位于武藏野总社三层的社长室中的折线图(图①)。

大家看这张图，可以清楚地看到武藏野的销售额及毛利的变化吧！本书不介绍任何脱离实际的空谈。除了我们公司外，我还从来自各行各业的 500 家公司中严格挑选出 30 家公司。我把我与这 30 家公司的经营者、经营骨干、员工在反复假设和验证后得到的**"经证实的成功事例"**，收录在了本书中。

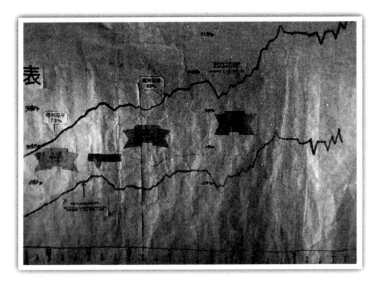

图①武藏野的销售额及毛利的增减变化

★史上第一个获得经营品质奖的经营协助会员！在第3次挑战中获得"日本经营品质奖"的"滋贺大发贩卖株式会社"（滋贺县·汽车销售）

★连续4年以130％的速度成长、实现"1年间3万件快递零失误"的"关通株式会社"（大阪府·物流）

★将3亿日元的"赤字"变为3亿日元的"盈余"的"后藤组株式会社"（岩手县·建筑）

★库存减少40％（从12亿日元减少至7亿日元）、销售额增加40％的"岛袋株式会社"（冲绳县·批发）

★在业界规模缩小之时仍保有"39％的市场占有率"的"山崎文荣堂株式会社"（东京都·零售）

★从东日本大地震发生后的"连续2月零销售额"到"销售额

提升 3 倍"的"Logix Service 株式会社"（宫城县·物流）

★花 900 万日元处理库存、销售额连续 50 个月高于上年同月的"M'S YOU 株式会社"（冈山县·娱乐）

★靠"超级特快！24 小时快速装订"快速增加销售额、让投诉减至三分之一的"本村装订株式会社"（埼玉县·印刷）

★靠"au 店铺[①]"使新合同数量达到"日本第一"、销售额增至 10 倍的"NSKK 控股株式会社"（兵库县·通信）

★即使是成熟产业也能使毛利增加 2.5 倍！因能发挥女性的作用而被评为"日本最受重视的公司"的"Sanbiru 株式会社"（岛根县·清扫）

★仅花了一年时间便使经常利润[②]从"-2000 万日元变为 +4000 万日元"、销售额呈 V 字型恢复的"阿波罗管财株式会社"（东京都·清扫）

"区区一个扫除就能让公司发生变化？哪有如此容易的事！"

"扫除不可能让公司发生变化吧！"

请持有以上想法的众多读者，一定要看看扫除在自己的公司发挥了何种作用。

我今年 66 岁了。去年曾大病一场，九死一生。因此，我比谁都知道此刻的珍贵。"我应传达给众人的东西"是什么？经营的"原理原则"是什么？

我在病床上反复自问自答后，得出的答案是**"环境整理"**。在

---

① au 是日本电信运营商 KDDI 下属的一个移动通信服务品牌。——译者注
② 经常利润＝营业利润＋营业外收益－营业外费用。——译者注

原理原则的重要性被人逐渐忽视的当下，我们更有必要弄清楚以下这三个问题：

"什么是环境整理？"

"环境整理和扫除有什么不同？"

"怎么做可以让讨厌工作的员工为你工作？"

基于这个想法，我撰写了本书。如果本书可以给苦恼的经营者、职员、兼职员工带去勇气和力量，我将感到无比荣幸。

最后，衷心感谢 chloros 编辑团队的藤吉丰先生帮我制作本书，钻石社的寺田庸二先生给我撰稿的机会。

2014 年 9 月吉日

武藏野株式会社 董事长兼社长 小山升

目 录

第2章

"物品""信息""想法"的整理整顿法

第 5 章
用事例来说话，清晨扫除术如何让公司持续赚钱

第 1 章

陷入低谷的公司短时间让销售额呈 V 字回升

环境整理是公司经营中的擎天柱

武藏野株式会社有三根支撑经营的柱子：① "顾客至上主义"；② "经营计划书"；③ "环境整理"。其中，③ "环境整理" 是武藏野的 "擎天柱"。

拥有屹立不倒的擎天柱的公司，无论陷于多么大的困境中，都不会倒闭。因为擎天柱具有始终守护员工及其家人、顾客的 "强大力量"。

迄今为止，武藏野已为500多家中小企业提供过经营指导服务。在我们的指导下，这些公司**连续13年零破产，每5家公司中便有1家公司获得史上最高利润**。

它们在遭遇雷曼兄弟破产、东日本大地震、消费税提升等激烈变化后，还能保持 "增收增益" 的状态，是因为它们都拥有**"擎天柱（=环境整理）"**。

古时候，人们都说 "擎天柱" 中寄居着可以给人带来财富和健康的 "大黑天神"。

拥有 "环境整理" 这根 "擎天柱" 的公司，有时会得到福报。因此，它们不会倒闭。我是这么认为的。

千年一遇的地震摧毁了所有库存

岛商会（位于福岛县 / 岛一树社长，38 岁），是一家开展二手车和施工设备的收购、拆卸、销售等业务的汽车回收公司。

岛商会的总社位于福岛县南相马市，距离东京电力福岛第一核电站仅 20.5 千米。在东日本大地震发生后，员工们不得不暂时前往别处避难。

2011 年 3 月 11 日这一天，岛一树社长（当时是副社长）和我都在千叶市。因为当时一个名为"和小山升一起学标杆分析法"的学习会，正在千叶县举办。

14 点 46 分，发生地震。客车剧烈摇晃。当时，武藏野的"经营协助会员们"与我们同乘一辆车。地震发生后，我给员工下达了指令："马上去便利店买 50 人份的饭团和饮料。"

我当时的想法是："由地震引起的交通阻塞，无法避免，我们应该暂时可以躲在客车中。但空腹会让人变得焦躁不安。因此，首先应确保食物的供应。"

好不容易才与总社联系上的岛社长，决定让全体员工（270 名）即刻到别处避难。后来，为了确认家人、员工是否平安，他决定亲自回南相马市看看。

据说花了 20 小时后才回到公司的岛社长，面对惨状，一度失语。岛社长说："家被冲走，海在燃烧，铁路歪斜。地震、海啸、核辐射，这三大恶魔折磨着我们，平时熟悉的城市也变成了地狱。"

岛商会也成了恶魔的攻击目标，预定出口的**库存（价值 1 亿**

5000 **万日元**），被全部摧毁。

  岛社长租了几辆客车，与员工及其家人一起前往别处避难。从福岛县转移到山形县、新泻县的过程中，一个想法从他的心底涌现："为了继续雇用这些员工，我要在避难所内设立临时总社。"

  2011 年 3 月 23 日，岛社长再一次回到南相马市。他此次回去的目的是，将恢复业务所需的电脑和文件运出来。

  虽然工厂遭受了高达 10 米的海啸的袭击，但工厂几乎没受什么损失。因为堆积成山的车发挥了防潮堤的作用。

  岛社长说："公司能残存下来，真是个奇迹。当时，我感激地说道：'世界上应该有很多神吧！'"

  岛商会在新泻县的避难所内设立了"新泻元气事务所"。仅花了 1 个月时间，他们便成立了可发挥总社作用的部门（临时总部）、临时工厂（2 个）、销售展示馆（2 个）。"在大家的帮助下，我们才成立了新泻避难所。因此，我们想以每日开展环境整理工作的方式一点点报恩。"岛社长说道。在避难指示解除、电力等基础设施恢复后，岛社长为了恢复工厂的运营，回到了南相马市。

  岛社长说："多亏了环境整理，我们很快就让工厂恢复了原状。我之所以这么说，是因为环境整理让员工拥有了相同的价值观。通过扔掉不要的物品、统一物品的朝向，人心和想法逐渐趋于一致。"

  虽然置身于到处有核辐射、余震等眼睛看不见的危险的环境中，但 50 名干部员工，谁都没有辞职。因为通过开展环境整理工作，岛社长和员工已紧紧团结在了一起。

图②东日本大地震发生不久后的"岛商会"的惨状

最后，岛社长说："社长和员工，一直在同一时间、同一场所一起工作、学习。因此，我们能团结一心。据说这次我们遭遇的是千年一遇的地震，未来即使有万年一遇的地震，我们也绝不会屈服。"

靠环境整理，逆境中重获新生

在地震发生后，岛商会**连续两个月零销售额。光付给员工的工资就需要 1 亿 3000 万日元。**

为了帮助岛社长，我想向经营协助会员募集捐款。实际上，我也募集了相当大的一笔钱。但是，我很快改变了主意，决定将募集到的钱还给募捐者。因为我意识到："金钱方面的援助，只会让岛社长变得无用。"

以纤维产业为首的"绞丝旁"产业以及"木字旁"产业之所以逐渐衰退，就是因为政府采取了保护措施。单方面的援助，只会让对方变得弱小。岛商会所需要做的，不是"应对当下"，而是"**靠自己的力量重新站起来**"。

我对岛社长说："去银行借钱吧！我不提供金钱上的援助。不过，我会提供精神上的援助。"当时的我相信，拥有环境整理这根"擎天柱"的岛商会，一定可以战胜逆境，赶走"三大恶魔"。

岛社长说："'还可以做得更好！''那样做太慢了！'小山社长的大声鼓励，让我备受鼓舞。"

地震发生的前一年，岛商会的销售额是 77 亿日元。地震发生后的这一年，其销售额减少至 63 亿日元，经常利润变为负 3 亿日元。

但是，2013 年，靠自己的力量重新站起来的商会，取得了史上最高销售额—— **90 亿日元**。成为"100 亿日元企业"，也只是时间问题。

岛商会之所以能将逆境转换为动力，就是因为他们"拥有环境整理这个武器"。

采取环境整理，创造史上最佳销售额

有一天，有人给 NSKK **控股**的贺川正宣会长（45 岁）打了一个电话。当时，贺川会长正与员工一起在香港旅游。这个于半夜两点突然而至的电话，打自日本的警备公司。

"贺川先生，店铺着火了！！"

贺川会长以通讯事业为主轴，经营饮食店、化妆品销售等各种各样的事业。

在提高通讯事业（手机销售等）的业绩后，"想再次从零开始创办事业"的贺川会长，将社长的职位让给别人，开始经营饮食店。

卷入火灾中的是一年前开业的拉面馆。贺川会长问："**烧到什么程度？**"

对方的回答是："现场人山人海，我不知道详细情况。"

拉面馆被烧掉了一半。起火的原因是办公大厦的配线出错（并非由贺川会长的店铺引起）。

　　贺川会长说："当我在香港听到'店铺着火了'时，我的大脑大约出现了三秒钟的空白，四秒钟后我的情绪才恢复正常。我是那种一遇到逆境，心中的热情就会'燃烧'的人。虽然店铺烧着了，但这火也点燃了我的满腔热情。接着，我马上为重新开业制定计划。我最开始想到的是'如果兼职员工辞职，我就难办了'，因此我以'再开业时必须回来上班'为条件，在停业期间为他们支付70%的兼职工资。"

　　逆境，为我们提供了"舍弃"迄今为止的做法、挑战新事物的机会。

　　因此，不可放弃。即使被逼入万分危急的困境中，我们也要相信自己，努力到最后一秒。如果这么做了，就一定能找到前行的路。

　　贺川会长曾经历过1995年的阪神淡路大地震。据兵库县的顶级销售员说："当时，在遭受震灾的1年前创办的手机销售公司，在他的努力下，正处于业绩稳步上升的状态。"

　　贺川会长说："但是，'咚'的一声，地震来了，地震发生后的第二个月，什么也没了。在地震把房子震得摇摇晃晃后，公司也摇摇欲坠了。"

　　战胜阪神淡路大地震及其之后的破产危机的贺川会长，这次也认为："逆境就是机会！"

重建后

火灾刚扑灭后

"这次遭遇火灾的拉面馆，之前的收入和支出大致平衡。既然这样，我们正好可以趁这个机会重新整顿一下。厨房也从设计图开始全部换新的。在店铺焕然一新前，只要让员工记得整顿环境即可。"

贺川会长，漂亮地复活了。贺川会长说："和去年相比，今年的销售额是去年的125%。**这是史上最佳成绩**。销售额呈直线上升，要归功于环境整理。在那之前，我没有经营过饮食店。但是，我知道如何开展环境整理工作。手机店能获得成功，也要归功于环境整理。所以，只要将环境整理术引入拉面馆就行。换言之，**我们只需开展环境整理工作，无需做多余的事情**。那个时候我是这么想的。"

贺川会长说，"将环境整理术引入拉面馆后，发生最大变化的是'**员工的士气**'"。环境整理，让在同一职场工作的人心心相通，产生了一体感。而这样的结果是，员工的干劲被点燃了。

三天便将受灾严重的公司恢复原状

2005年9月6、7日，超大规模的"台风14号"袭击了山口县岩国地区。随后，50年一遇的暴雨给该地区带来了泥石流等巨大灾害。

不仅山阳汽车专用车道坍塌了，还约有2000户泡在水中——被水淹没的范围很广。

总社位于岩国市的汽车销售公司Big Motor（兼重宏行社长，62

岁），也难以幸免。公司附近的居民都纷纷谈论说：

"Big　Motor，只看得见屋顶了。

"Big　Motor 的店长，好像正向店内游去。"

正如他们所言，Big Motor 受灾十分严重。兼重社长笑着说："展车，全被毁了。**损失约两亿日元。被淹在水中的物品，我们是没有办法挽救啦。**"

在自卫队、警察、消防救援队纷纷出动时，Big Motor 的员工们也开始展开修复工作。因为 Big Motor 各分店（主要是九州的店铺）的员工也纷纷前来救援，所以**他们仅仅花了"3 天"时间便开始正常营业。**

Big Motor 仅仅依靠自己公司的员工，未借助行政的力量，就能战胜了前所未有的水灾，是因为 Big Motor 一直把环境整理作为员工培训的支柱。

兼重社长说："由于被水淹了的车不能再作为商品出售，所以我将它们全部处理了。新展车，是从其他店铺运来的。因为顾客的车也被水淹了，所以我们还准备了备用车，供顾客无偿使用。虽然污水处理不是件简单的事，但由于我们平时彻底开展环境整理工作，所以最后清理得很干净。"

由于 Big Motor 还为顾客提供购买后的检查、维修、车检等服务，所以各大店铺都设有维修工厂、金属板工厂（部分店铺除外）。

图③：带来 2 亿日元损失的创纪录级台风袭击过后的场景

一般，经常与油打交道的维修工厂，都很脏。但是，Big Motor 的维修工厂**没有一点儿尘土、一处污垢**。

在 Big Motor 的维修工厂，维修专用工具整齐地摆放着，现场十分干净，让人觉得"即使不穿作业服，也不会被弄脏"。可以说，Big Motor **的汽车维修工厂就像 "展示厅" 一样，被收拾得一尘不染。**

　　Big Motor 在全国约有 130 家店铺，拥有 1650 名员工。这个规模，即使是在二手车行业，也属于顶级规模。2007 年，Big Motor 的销售额是 571 亿日元（总计数额）。2014 年，其销售额将突破 1500 **亿日元（经常利润 90 亿日元）。其销售辆数是 66,000 辆，在汽车行业名列第一。**

　　如果销售额无论是现在还是一年后、两年后都是 "100"，就没有必要增加人才。但像 Big Motor 这样销售额不断增加的公司，人才肯定不够。因此，社长有必要预测公司的成长速度，并尽快开展员工培训。对于这一点，兼重社长很是明白。

　　也正因为如此，他将环境整理视为员工培训的基础。支持 Big Motor 以多店铺的形式不断发展壮大的，正是环境整理。

武藏野有 1 / 3 的干部原先是飞车党

　　如果想锻炼人才、改善团队构成、打造高收益体质，没有比环境整理更有效的方法。这是我的切身体会。

　　我就任武藏野的社长，是在 1989 年。当时的武藏野，是一个非常独特的公司。

　　近几年，我们才开始在夏天穿 "清凉商务装"。而武藏野的员工是从那时开始便是一副无领带的装扮。

　　由于绝大部分员工不是 "不系" 领带，而是 "没有" 领带，所以我们在过去很长的一段时间里，每月都给员工发5000日元的"领带补贴"。虽然世界很大，但发放"领带补贴"的公司，估计只有武藏野吧！

穿着不系领带的衬衫来上班的员工，还不是最让人头疼的。我们公司还有穿着夏威夷衫和百慕大群岛短裤来上班、开着营业车去冲浪的员工——这个员工是现任得斯清部门领导兼董事的西野兴一。

更不像话的是，有一半销售员有某些违法行为，与顾客存在金钱往来。剩下的员工则大都没有进取心，对工作视而不见。同行们都说："武藏野倒闭只是时间问题。"

原飞车党、原青年流氓集团的女头目、夏威夷衫、违法行为……我也曾想解雇所有没有干劲的员工，但现实状况不允许我这么做。如果大批量解雇员工，公司内部就会出现大混乱，进而给顾客添麻烦。而且，即使解雇了这些员工，也不一定能招来优秀的人才。

1997年，我们开始初次挑战"日本经营品质奖"。这时的16名干部的学历，可谓"无可挑剔"——大学毕业生2人，初中毕业生2人，剩下的全是"水平无限接近初中毕业生的高中毕业生"。不仅三分之一的干部原先是飞车党，干部中还有"曾占领整个多摩地区的青年流氓集团的女头目""一生无法再开摩托车的特工队长"。

让员工们在扫除中争第一

如果放任他们不管，势必引发问题。另一方面，解雇他们，也会引发问题。而且，我认为，即使更换员工，也不能改善现状。如此一来，只剩下一个选择——提升现有员工的战斗力。

为了让没有干劲的员工为自己感到骄傲，我想出了一个方法："**让他们成为第一吧！无论多么小的事情都可以。**"顾客只记住"排名第一的东西"。比如，大家都知道日本第一高峰是"富士山"，却很少有人知道第二高峰是"北岳山"。第一和第二，有天壤之别。因此，以第一为目标，应该可以改变武藏野。

最初我想"让得斯清部门以成为东京都第一为目标"，但我们与第一有 3 倍之差，目标显然有些过高。如果不是能力所及的目标，员工就会丧失干劲。与工龄、学历无关且谁都能成为第一的事是什么？无论是原飞车党，还是大学毕业生，都能在同一平台上平等竞争的事是什么？

最终我得到的答案是："**让员工们在扫除中争第一**"。

决定员工是否会"扫除"的，既不是学历，也不是个人的能力。只要有"干劲"，谁都能"学会"扫除。于是，我决定将"成为本行业整理整顿工作做得最好的公司"作为我们公司的方针。也就是从这个时候开始，环境整理成为了武藏野文化的一部分。

我以日本经营顾问第一人一仓定先生 [①] 的教诲为基础，每天早晨彻底开展"扫除工作（＝环境整理工作）"。在该工作开展半年后，

① 一仓定：经营顾问，曾为 5000 多家公司提供指导，让多家即将破产的企业重振旗鼓。——译者注

员工们发生了变化。

原本又脏又乱的公司内部环境逐渐变得整洁有序。而且，与环境变化成正比例的是，员工们也渐渐显示出了干劲。在员工的素质发生巨大变化后，周围人也不再以过去的眼神看我们。

不久之后，来自全国各地的多位经营者前来我们公司开展标杆学习（参观学习活动）。我心想："有这么多人前来参观学习——虽然他们只是得斯清的加盟企业——是不是说明武藏野已成为'第一'了呢……"原先是落后集团的武藏野，终于成为了"第一"。

当时的员工，确实都是些不良分子。他们一看到对手公司的专用车，就会用我们公司的车前后左右围上。

如果是普通的社长，估计会害怕地想"要是闹到警察局，该如何是好"吧！但是，我没有惊慌失措。因为最坏的是我，不是他们。我也有些不良的品行，可以说是一个不良社长，但我懂得感谢员工、顾客。

此外，我还是一个花了9年时间才从大学毕业的懒汉。有位原先是特工队长的员工曾说过这么一句话："我从未觉得地痞流氓可怕，但小山升，我现在仍然很害怕。"

在公司的忘年会上，我看到有些员工很无聊，就对他们说："大家对着瓶嘴直接喝啤酒，如果你们中有1人喝倒我，我就给你们每人发1万日元！反之，如果没人能喝倒我，你们全部去剃光头！"最后的结果是，全体人员都剃了光头。每次比赛喝啤酒，我都是胜利而归！**渡边住研**的渡边毅人社长（43岁），便是当时被剃光头的其中之一。

虽然他们原先是飞车党，但他们不是"笨蛋"。虽然他们做什么事情都会很快放弃，觉得"我横竖都是不行"，但他们并不是真的"不行"。他们之所以做飞车党，是因为他们"想得到别人的关心"，是因为他们"从未被提醒过"。因此，我让自己关心他们、提醒他们。因为社长和员工为改变公司而一起努力，所以武藏野能变强。

武藏野之所以能成为两次获得"日本经营品质奖"的超优企业①，完全是因为"**我将环境整理作为重要的经营战略，并让全公司上下一起努力实践**"。

环境整理是改变公司的"其中一个方法"

因原副社长玩忽职守而出现巨额赤字的**后藤组株式会社，是如何将 3 亿日元的"赤字"变为 3 亿日元的"盈余"的？**

Logix Service **株式会社在东日本大地震后，解雇了 50 名兼职员工，这 50 名兼职员工却流下了感激的泪水。后来 Logix Service 将销售额做到原先的 3 倍。这些他们是如何做到的？**

山崎文荣堂株式会社，为什么能在业界规模缩小之时依然保持**"39% 的市场占有率"？**

属于成熟产业的 Sanbiru **株式会社，为什么能将毛利提升**

---

① 分别于 2000 年度和 2010 年度获得此奖，武藏野是该奖创设以来日本第一家两次获奖的公司。——译者注

2.5 倍？

作为"城市的理发店"的 Ribias 株式会社是如何拓展业务，让自己在国内外拥有 254 家店铺（截至 2014 年 9 月）的？

滋贺大发贩卖株式会社为什么能在第 3 次挑战中获得"日本经营品质奖"？

答案均是因为"环境整理"改变了社长、员工以及公司。

从下一章开始，我为大家介绍环境整理的原理原则。

本章小结：为什么陷入低谷的公司能快速扭转乾坤

1. 武藏野株式会社有三根支撑经营的柱子：①"顾客至上主义"；② "经营计划书"；③ "环境整理"。其中，③ "环境整理"既是武藏野的"擎天柱"，也是"武藏野文化"的一部分。

2. "连续 12 年增收增益"的武藏野，为 500 多家中小企业提供过经营指导服务。在我们的指导下，这些公司连续 13 年零破产，每 5 家公司中便有 1 家公司获得史上最高利润。为他们的成功奠定基础的正是"环境整理"。

3. 万分危急的状况，为我们提供了"舍弃"迄今为止的做法、挑战新事物的机会！我们要相信自己，努力到最后的最后。如果这么做了，就一定能找到前行的路。

4. 在"连续两个月零销售额"后创下"史上最高销售额"的岛商会的岛社长如是说道："通过扔掉不要的物品、统一物品的朝向，人心和想法逐渐趋于一致。"

5. 战胜火灾、销售额是前一年的 125% 的 NSKK 控股公司的贺川会长如是说道："我们只需开展环境整理工作，无需做多余的事情。"

6. 因前所未有的台风损失两亿日元、仅花了三天时间便重新开业的 Big Motor 的兼重社长如是说道："虽然污水处理不是件简单的事，但由于我们平时彻底开展环境整理工作，所以最后清理得很干净。"

7.“在扫除中争第一”，是与工龄、学历无关且谁都能当第一的事情，是全体员工都能在同一平台上平等竞争的事情。

8.武藏野之所以能成为两次获得“日本经营品质奖”的超优企业，完全是因为“我将环境整理作为重要的经营战略，并让全公司上下一起努力实践”。

第 2 章

"物品" "信息" "想法" 的整理整顿法

清晨扫除术是能让武藏野变强的唯一方法

在武藏野公司，每天早上，全体员工都花 30 分钟做扫除工作。擦窗、打扫厕所、给地板打蜡……我每天都锁定某个**小范围**，让员工将它彻底擦干净。

武藏野的总社办公楼，已有 40 年的历史。因为它以前是创业者的自家住宅，所以即使身为社长的我偏心眼，也很难说，"它是一座气派的大楼"。前来面试的学生，有的曾因注意不到这是家公司而过门不入，有的曾因过于吃惊而装作没看见。

建筑虽然陈旧，但不脏。无论是地板、日光灯，还是厕所、办公桌，都被擦得闪闪发亮。玄关处有扇玻璃门，玻璃门上没有一个斑点，就像是透明的一样。这扇玻璃门曾因被马虎的员工撞到而出现裂痕。从那以后，为了提醒大家这是扇门，我们把公司的徽章贴在了玻璃门上。

实际上，即使一两天不扫除，公司也不会出现明显的污点。但是，武藏野规定：每个人、每一天都要打扫工作岗位。为什么我要求这么严？直截了当地说："是因为，**我不知道除了'每天早晨花 30 分钟扫除'这个方法外，还有什么方法可以使公司变强。**"

"环境整理"和"扫除"有何不同

在武藏野，我们将以"每天早晨扫除 30 分钟"为首的清扫活动称为**"环境整理"**。将"环境整理"称为"扫除（清扫）"，只是为了让大家更容易理解一点。实际上，"扫除（清扫）"和"环境整理"，有质的区别。

在旁人看来，扫除和环境整理或许没什么不同。但是，扫除只是手段，不是目的。为美化公司内部环境而作出的努力，只不过是环境整理的其中一面。扫除和环境整理，看似相似，实则不同。那么，让我来给扫除和环境整理下定义吧！

◎扫除……**以打扫或擦拭的方式去除垃圾、灰尘、污垢**

◎环境整理……**"整顿""准备"容易开展工作的"环境"**

扫除的目的是去除垃圾和污垢，而开展环境整理工作的目的是让工作变得容易开展。

为了让工作变得容易开展，我们"整顿"公司内部。为了能马上拿出需要用的东西，我们做好准备工作。这才是环境整理。

环境整理是一种"强制行为"

很多公司都在"上班前"和"下班后"开展扫除工作。工作时间以外的扫除，可以说是一种自愿行为。因为所谓自愿行为，即意味着"这件事也可以不做"，所以"做还是不做"，只能由员工本人做主。至少武藏野的员工是不愿做的吧！因为太麻烦了。

即使做了，出于自愿的扫除，也是非常自由的——无论是场所还是做法，都可以自由选择。这样一来，我们就无法统一做法。

即使是社长，也无法强制员工"从现在开始擦地板"，或对他们说"这一带很脏""你扫得不细致"。因为既然是自愿行为，我就得有所顾忌，不能对员工的善意行为说长道短。

武藏野的环境整理工作，一直在"上班时间内"开展。我们自创业以来，每年都会制作"经营计划书"。在该计划书中，我们明确规定：**"早会结束后，先制定计划，再开展30分钟的环境整理工作。全员参加。"**

换言之，环境整理是公司规定的方针，员工有义务做环境整理工作。因为是在上班时间内劳动，所以环境整理工作是有酬劳动。

员工既然每月都领工资，就不能不劳动。因此，大家都是**"硬着头皮"干。没有一个员工是因为喜欢而做扫除工作的。**

◎扫除…………自愿（无偿）·自由（无法强制员工做什么）

◎环境整理……工作（发工资）·义务（可以强制员工做什么）

在我规定"每天早晨全体员工必须花30分钟扫除"后，有个机灵的员工想出了一个坏招儿——"清晨"约顾客见面。如此一来，就可以偷懒了。于是，我下达了这个命令："与顾客见面这种事，可以拜托对手公司的员工去做，请你参加扫除活动。"我之所以能强制他参加扫除活动，是因为我是给他发工资的老板，做环境整理工作是员工的义务。

为打造强大的公司而**强制员工做环境整理工作，**是正确的行为。不愿做麻烦事的员工，是真不想扫除。武藏野就没有喜欢扫除的员工。但是，如果不让他们做"讨厌的事"，就不能改变他们。

员工都讨厌做麻烦的事。即使社长发出"这么做""那么做"的指令，他们也只会在口头上答应，不会付诸实践。我们能听到员工说"是"，并不意味着他会"做"——爱偷懒的员工，更不会去做。

那么，要动员这样的员工参加扫除活动，如何做才好呢？"强制他们做"才是正确的方法。或许有的社长会担心："我们公司的员工，不听我说的。如果强制他们做，员工会产生不满情绪。"因此，在本书后面，我还会介绍"即使性格软弱的社长也能强制员工参加扫除活动的机制"。

我无法期待武藏野的员工提供善意的志愿服务。如果让他们提供志愿服务，他们甚至会产生诸如"我不想做这么麻烦的事""如何做可以偷懒"之类的坏想法。

在武藏野，之所以社长、干部、普通员工都能投入到"环境整理工作"中，是因为我们已建立起"大家必须这么做"的机制。

"扫除"和"环境整理"有明显的不同

扫除 = 自愿（无偿）·自由（无法强制员工做什么）

以打扫或擦拭的方式
去除垃圾、灰尘、污垢

环境整理 = 工作（发工资）·义务（可以强制员工做什么）

"整顿""准备"容易开展工作的"环境"

"硬着头皮干"是普遍现象

牧野祭典是一家与当地有紧密联系的殡葬服务公司。在他们开展环境整理工作前，公司的内部环境不堪入目！不仅仓库里物品散乱一地，连祭坛在哪里，我们都找不到。一旦迈进他们公司的大门，我们就久久出不来——这让我深刻体会到了"前往召还别人，结果自己一去不返"①这句谚语的含义。

但是，现在的牧野祭奠，已没有仓库。公司上下都十分干净。它拥有很高的评价——在《钻石周刊》的"全国殡葬服务公司排行榜"中，它榜上有名。

为什么员工们能扔掉东西？因为社长"强制"他们这么做。

牧野昌克社长（49岁）给他们施加了压力——请其他公司前来参观学习。如此一来，员工们会怎么想？员工的想法是"这下糟了"。于是，为了不在别人面前丢脸，他们开始"硬着头皮"整顿环境。

让员工变温顺的方法

如果不以稍稍强硬的态度要求员工做"讨厌的事情"，就无法培育人心。所谓公司所需要的人才，即能如实贯彻公司（社长）的

---

① 这句谚语的意思是，原本去他们公司是为了给他们提供帮助，结果自己还出不来了。——译者注

方针的人。换言之，公司需要能坚决执行领导的命令、持有一颗"温顺之心"的员工。我一直认为：**"正因为做过自己讨厌的事、不想做的事，人才能变得温顺。"**

员工做社长"吩咐的事"，是职场的基本要求。但是，没有一颗"温顺之心"的员工，无法做到这一点。他们会自己想这想那。

社长的"方针"都以社长的"成功体验"为基础。而员工并没有如此之深的体验。因此，贯彻社长的方针才是正确的做法。员工没有必要深入思考"为什么要做这件事""为什么要这么做"等问题。

如果给予员工自由，只让他们做他们"喜欢的事"，在不久的将来，公司就会倒闭。

如果员工一说"我喜欢吃包子"，印刷厂便开始卖"包子"，你觉得结果会如何？如果建筑公司的员工从今天开始卖"薤头"①，你觉得结果会如何？

公司的业绩之所以无法提升，是因为公司没有让员工按照规定做"规定的事"，员工都是在按照自己的意愿做事。

两次获得"日本经营品质奖"

在我公开说"我不需要不遵循社长的方针的员工""如实执行方针的人才是优秀的员工"后，我听到了"小山升是独裁者""武

---

① 薤头：一种具有很高的食用价值和药用价值的植物，薤头所含的许多成分对冠心病、心绞痛等疾病有很好的治疗作用。——译者注

藏野是大权独揽的公司"等批评。

在没有开展员工培训的中小企业，让社长独揽大权，采取自上而下的管理方式，是正确的做法。

在持续开展员工培训（环境整理），且员工具备一定能力后，可以将管理方式由自上而下转为自下而上。大家不可弄错这个先后顺序。

在 2003 年前，武藏野由我独揽大权。后来，员工们开始注意到"仅仅按照高层的指示行动，有时并不能应对现实存在的问题"。于是，从 2004 年起，我带领公司上下向"采取自下而上的管理方式的公司"转型。

2000 年，武藏野在第一次被授予"日本经营品质奖"时，因采取的是"自上而下的管理方式"而备受好评。而在时隔 10 年后的 2010 年，武藏野在第二次被授予"日本经营品质奖"时，则被**评为"采取自下而上的管理方式的公司"**。

中小企业想要成长，首先应彻底执行"自上而下的管理方式"，努力培养人才。如果在员工尚未成材的阶段就采取自下而上的管理方式，最终会影响公司的发展。

在社长与员工的价值观达成一致后，才可以给员工自由！ 换言之，在环境整理成为公司文化的一部分后，社长才可以放权。

"整理" = 舍弃物品、"整顿" = 使物品摆放整齐

"环境整理"中的"整"，包含"整理"和"整顿"这两种意思。

◎ "整理" = 舍弃物品（战略）

区分必需品和非必需品，彻底舍弃非必需品；决定不做哪些事情。

◎ "整顿" = 使物品摆放整齐（战术）

决定物品的摆放场所，统一物品的朝向，让物品保持无论何时、无论谁都能使用的状态。

如果将必需品和非必需品混放一起，并放得满满的，就无法让物品保持"无论何时、无论谁都能使用的状态"。我们应在扔掉不要的东西之后，再开始整顿。换言之，在整顿前，**我们应先"整理"**。

"整理是战略" "整顿是战术"

"整理" = 舍弃物品（战略）

区分必需品和非必需品，彻底舍弃非必需品；决定不做哪些事情。

"整顿" = 使物品摆放整齐（战术）

决定物品的摆放场所，统一物品的朝向，让物品保持无论何时、无论谁都能使用的状态。

整理，是一种决定"不做什么"的"战略"

直截了当地说，所谓"整理"，即"舍弃物品"。假设你即将出门旅行。备选地有夏威夷、拉斯维加斯、泰国、普吉岛、巴黎等五个。虽然无论哪个地方都很有魅力，但身体只有一个。你必须舍弃四个备选地，决定去其中一个地方。

我将"在多个选项中作出选择并决定'不做什么'"称为**"战略"**（战略决策）。不过，很多人在选完"巴黎"后，都会恋恋不舍地想："或许拉斯维加斯也很不错吧！夏威夷也很好啊！"这是为什么呢？因为大家都没有真正舍弃自己没有选的选项。

在作出选择后，我从来不会有茫然失措的感觉。因为当我决定选"这个"后，会舍弃剩下的所有选项。很多社长都会恋恋不舍地想"这项工作或许也有开展下去的可能性""放弃这项工作，太可惜了""这项工作，再继续做做吧"。因此，他们无法顺利开展工作。

小学一年级学棒球、二年级学田径项目、三年级学游泳、四年级学篮球、五年级学羽毛球、六年级学足球的孩子，最终将学不好任何一项运动。因为如果给他们灌输很多东西，无论哪一样，他们都会半途而废。

日本有"整理整顿"这个熟语，但没有"整顿整理"这种说法，就是因为"如果不整理，就无法整顿"。

越是能舍弃的人，越能取得成果

正因为王贞治[1]等人"舍弃"了其他运动项目——王贞治只练棒球，山下泰裕[2]一门心思地练柔道，高桥尚子[3]只钟情于马拉松，吉田沙保里[4]只爱摔跤——所以他们才能获得国民荣誉奖。

换言之，越是能舍弃的人，越能取得成果。

我每年只去两次高尔夫球场。从最初到最后，我只使用"5号球杆"。1号球杆，则被我舍弃了，如果我只用同一个号码的球杆，我就会记住如何挥杆能进球。所以，即使丢了球，也只是一个而已。交际舞，我只跳吉特巴舞。我舍弃了探戈舞和华尔兹舞，10年来只练习吉特巴舞。我很可能是"全日本最擅长跳吉特巴舞的社长"。

"什么都会"，实际上，即意味着"没有能力"。因为每一样

---

[1] 王贞治：日本著名职业棒球选手。——译者注
[2] 山下泰裕：日本柔道界的泰斗。——译者注
[3] 高桥尚子：日本女子马拉松运动员。——译者注
[4] 吉田沙保里：日本历史上最优秀的女子摔跤队员之一。——译者注

都是半途而废。

中小企业的经营也是如此。如果这个也做，那个也做，就难以出成果。反之，如果在自家公司所能提供的服务中，在看清什么是客户最需要的东西之后，将经营资源集中在此处，并缩小或果断舍弃其他服务项目，便能快速提升业绩。

阿波罗管财，是一家建筑维修公司。虽然桥本真纪夫社长（49岁）是一个会学习、擅长 IT（信息技术）的人，但他非常讨厌做销售工作。因此，我在认清问题的关键后，曾看着他做销售工作。

起初他非常讨厌以直接上门的方式推销商品，但成果一开始显现，他就对这种做法越来越感兴趣。在亲自拜访客户的过程中，他还了解了客户的不满和要求。

后来，在桥本社长按照客户的要求改造商品后，业绩有了提升。桥本社长开展的"**全面生活服务**"，是一项员工以位于东京市中心的"小型公寓"为对象，使用专用摩托车开展巡视工作的清扫业务。这是该行业的第一次尝试。

建筑维修行业，被称为超成熟产业。在超成熟的行业里还能不断增加顾客，是因为他们一直把公司的资源集中在顾客最需要的东西上。

武藏野曾设有"照明部门"（销售照明器具的部门）。虽然该部门处于增收增益的状态，但我却卖了它。为什么呢？因为随着照明器具越卖越多，赊账款也越来越多。

虽然卖得好，进货也有所增加，但由于资金偿还期较长，赊账款总是迟迟无法变成现金——光往外付款，没有钱收入囊中。如果资金流转慢，即使处于增收增益的状态，公司也无法正常运转。因此，我下狠心卖了"照明部门"。在这之后，虽然销售额有所减少，但不仅利润率提升了，资金周转状况也得到了改善。

现在，我们公司的"语音信箱部门"的营业利润是，每年5000 万日元。过去，该部门曾出现"3 亿日元的赤字"。在出现"3亿日元的赤字"后，我制定了"坚决收回投资金额"的战略。而且，我还要求，对销售商也应"缩小目标范围"。

正因为我们"舍弃"了"可能好卖"的目标，我们才能消灭赤字。

在做什么前，先决定不做什么

将必需品和非必需品区分开，舍弃不需要的东西，这是"战略"。

如果"这也想做，那也想做"，就会分散公司内部的资源，让公司无法取得显著的成果。

渡边住研，是一家以东武东上线沿线地区为中心出租房子的不动产公司。

渡边住研，不开展"不动产买卖活动"，只出租房子。而且，他们也不做"东京市内的出租管理业务"，他们把经营范围**锁定在了埼玉县西部**。他们通过"在小市场抢占大部分市场份额""在锁定目标（将什么商品卖给谁）后重点对待"，**在 7 年内将利润提升了 3 倍**。

身为明日达服务①的日本国内顶级代理商的山崎文荣堂，也只在锁定的范围内开展经营活动。而他们将好商品聚集在小商圈中的结果是，他们在涩谷区赢得了最高市场占有率——39%。

在做什么前，**先决定不做什么，是经营的先决问题。**

我们公司除了"将东西反复卖给同一顾客"外，什么也不做。"不卖枪，只卖子弹"，是我的战略。虽然枪的单价很高，但顾客一般只需买一次。在枪坏之前，他们无需再买一支。但是，买枪的人一定会使用子弹，只要他们继续使用枪，就会不断补充子弹。也就是说，放弃"卖枪"，能让公司拥有稳定的利润。

无论是武藏野现在的得斯清部门、经营协助部门，还是过去的办公室咖啡部门、照明部门，它们都有一个共同点：**将东西反复卖给同一顾客。**

有的社长相信："出于提升利润、促进公司发展的考虑，即使是自己不想做的事，也应该做。"其实，这种想法是错误的。

大家切不可忘记，**我们只有彻底不做什么，才能将精力集中在"正在做的事情"上。**

---

① 明日达服务：一种当日或第二日将顾客订购的物品送到顾客手中的服务。——译者注

不买不需要的物品，就不需要整理

环境整理从"彻底舍弃什么"开始做起。公司有很多不需要的东西。即使你因觉得"或许哪天会用到"而将它们留下，你也绝对用不上它们。

五年来一次也没穿过的西服，今后你也不会穿。而且，不穿的西服会占用空间，每次你将平常穿的衣服挂回衣橱，都会很费事。因此，因想着"哪儿都没坏，而且价格不菲"而将它收在衣橱中，是一种徒劳无益的行为。

我们无法舍弃东西，是因为我们觉得"哪天会用到"或"扔掉太可惜了"。但是，我们觉得的"哪天"，你想过没有是永远都不会到来。

我经常在讨论会上问大家："很多人都拥有十二色套装荧光笔。你们之中，是否有人在工作时使用所有颜色？如果有，我送给他 10 万日元。"

迄今为止，没有一个人向我要过这 10 万日元。如果能使用三种颜色，水平就很高了。我只有一种颜色的笔。如果非要用三种颜色，买三种颜色即可，没有必要买十二色套装笔。订书机、剪子和计算器，也是如此。这些物品，在我们公司，每个部门只有一个，但我们从未觉得有什么不便。

如果我们去书店，就会发现，书店里摆放着很多关于"整理"的书。其中，还有销量突破百万的畅销书。

"整理物品"与"舍弃物品"是两码事。如果从战略的角度考虑，**"整理"是错误的做法。**我们整理物品，是因为我们有很多不需要的东西。如果没有不需要的东西，我们从一开始就没有整理的必要。

只要舍得扔，就能腾出空间

在武藏野，员工们把个人的办公桌都扔了——连同办公桌的抽屉、抽屉里的东西一起扔了。虽然我允许大家把文件带回家，但这三年来，他们都将文件送进了市里的焚烧炉——无一人例外。

据说前来回收桌子的回收业者，都以为我们不要办公桌是因为"公司倒闭了"。

在卖掉办公桌后，员工们开始一起使用没有抽屉的桌子。销售部门的管理人员，从 2009 年起，连椅子都不要了。我的桌子也没有配椅子。

"在公司内部，社长不需要椅子"是我的一贯主张。如果有椅子，我们就会因能惬意地坐着而不想外出。如果在公司坐着，销售额连 1 分钱都不会增加。因此，为了不让自己成为穴居型社长，我舍弃了椅子。

在整理邮件时，我做得也很彻底。我让自己尽量做到"读完邮件就马上删除"这一点。大部分邮件，我都不会存在收件箱中。读完后依然保留的邮件，最多 100 封。

只有我觉得"可能需要再读一次"的邮件，我会保存在谷歌的文档服务器上。但是，这半年里，我重新再读一遍的邮件，仅有一封。

只要舍弃库存，就能腾出空间。开展钢球连锁业务的 M'S YOU，通过开展环境整理工作，舍弃了用"**70 辆荷载量为 4 吨的卡车**"**才能装下的不良库存。**

松田高志社长（54 岁）说："经营钢球店，已有二十来年。扔掉这二十来年存下的钢球、玻璃等库存，也需要花费相应的费用。"

他们为处理库存所花费的钱，多达 900 **万元**。虽然花了这么多钱，但他们取得了很大的成果。由于在处理完不良库存后，公司腾出了空间，所以松田社长设立了他一直想设立的男子更衣室——因为 M'S YOU 的女员工较多，所以在这之前男员工一直在厨房的某个角落换衣服。

如此一来，在不良库存消失后，不仅男员工的满意度提升了，利润也上来了。松田社长高兴地说："900 万日元的支出并没有白费。"

舍弃"社长室"，能让业绩急剧上升

在开展环境整理工作时"舍弃"的东西，不仅限于库存和办公备品。

我让经营协助会员舍弃眼睛看得见的东西、眼睛看不见的东西等各种各样的东西。

松尾 Motors，是一家经营新车、未用车、二手车的汽车销售公司。松尾章弘社长（52 岁）在幸运地租到与公司邻接的土地后，扩大了店铺规模。此后，销售额得到了大幅度的提升。

松尾社长将托钵活动（地区的美化活动）作为环境整理工作的其中一环，每天早上都努力美化公司的周边环境。天天目睹这一场景的土地主人，有一天，被松尾社长的行为感动了，他觉得："能每天早上做扫除工作的人，肯定不是坏人，这个人值得相信。"于是，他主动对松尾社长说："你能租我家的地吗？"

实际上，松尾社长早就渴望得到这块地。不过，之前土地主人一直说"只租给上市企业"，并没有理睬松尾社长。但是，松尾社长每日为美化环境所作出的努力，土地主人的妻子注意到了。于是，她说服土地主人将这块地租给松尾社长。

一直想"扩大店铺"的松尾社长也没有什么拒绝的理由。在开始改装前，松尾社长边说"小山先生，我设计好了"，边让我看图纸。虽然我当时给他的回复是"不是挺好的嘛"，但几天后，我又给他打了个电话："松尾先生，增加一辆升降机吧！这样一来，就能通过车检和组装挣钱了。"

据说听我说完后，松尾社长吓了一跳。图纸已经设计好。而且，增加升降机还需要钱。即便如此，松尾社长还是决定听从我的意见。

松尾社长笑着说："每次小山社长给我提建议，我不是开心地说'好的'，就是高兴地说'yes'。"

最终，升降机的增设为他们带来了很大的成功。3年前，他们每年只能为400辆车提供车检服务。而如今，400辆已增加到**2500多辆**。

在改装后，松尾Motors的销售额提到了提升。但是，我觉得"还能再增加销售额"。于是，我让松尾社长舍弃了"他非常重视的东西"——"**社长室**"。松尾社长笑着说："前来视察的小山社长，一看到社长室，就说'快拆了它'。公司员工看到我惊慌失措的样子，都觉得很有趣。"如果拆了社长室，就能相应地扩大会议室的空间。而如果增加会议桌的数量，谈判项目就能随之增多。

松尾社长笑着说："小山社长曾和我说'**想要增加最终的数字，就要重视过程中的数字**'。因此，我将会议桌从 5 张增加到了 7 张。之后，效果立马体现出来了——签约的合同，马上增加了很多。小山社长还曾特意前来确认我是否拆了社长室。他坐着出租车到店前看了一眼展示厅，就马上回去了。只花了 30 秒。"

如果想增加签约合同的数量，增加谈判项目是先决条件。而如果想增加谈判项目，最好扩大谈判的空间。因此，我让松尾社长"舍弃"了社长室。

舍弃"公司名"，能提升公司利润

在我提供经营协助服务的公司中，也有我让社长舍弃"公司名"的公司。

比如，**Logix Service** 便是其中之一。这家公司，过去叫"岩手 Logix 有限公司"（在拙著《早晨扫除 30 分钟，让你的公司变成赚钱的公司》中，这家公司的刊登名是"岩手 Logix 有限公司"）。

在公司创立后的数年里，他们主要以岩手县消费合作社为中心开展交易活动。后来，他们也与秋田县的消费合作社开展交易活动。

于是，我将菊池正则社长（49岁）叫到身边，对他提议说："因为有的秋田县人，讨厌岩手县人，所以还是将公司名中的'岩手'去掉为好。而且，如果叫'岩手 Logix'，首字母是在 a、i、u、e、o 中排名第二的 i①。"

虽然我是以半开玩笑的方式说的，但去掉"岩手"二字，确实更利于他们在其他县拓展业务。这一点千真万确。

实际上也是如此。在菊池社长将公司名改为"Logix Service"后，他们与岩手县、秋田县、宫城县、福岛县、青森县的消费合作社都建立了业务合作关系。

关通，也曾更改公司名。关通，是一家以代理配送业务为中心提供物流服务的公司。现在，它的配送质量已达到物流行业的最高质量等级——LV5。

起初，这家公司叫"关西流通服务"。不过，顾客都称它为"关通"。于是，我对达城久裕社长（54岁）说："还是改名为'关通'比较好。无论是'西''流'，还是'服务'，都舍弃吧！"

除"Logix Service"和"关通"外，我还让很多公司改了公司名。在舍弃"旧名"后，所有公司都提升了利润。

之所以所有公司都能提升利润，是因为新公司名可以明确体现公司的业务和方针。

---

① a、i、u、e、o 是日语五十音图 a 行假名的发音，"岩"字的首字母是 i，排在第二位。——译者注

舍弃非必需品，让员工主动配合

现在，武藏野为 500 多家中小企业提供经营协助服务。

我们公司提供的"环境整理扎根项目（KTP）"，是一个让需要经营协助的公司到现场学习公司的整理整顿术，并制定长达 6 个月的实践计划书的项目。

在"环境整理扎根项目"中，需要经营协助的公司从"整理"（＝彻底舍弃非必需品）开始做起。

假设要舍弃位于办公楼三楼的"大书架"。将笨重的书架搬到一楼，是件辛苦的事。而且，要想成功搬下，还需要帮手，因为书架太大了，一个人搬不了。

这时，会发生什么呢？答案是，员工们会不由自主地上前帮忙。他们会主动聚在一起，说"我来帮一把吧"。在从上搬下来的时候，他们会互相确认："你那边没问题吧？"

在顺利搬下来后，他们会注意到原先放书架的地方有些脏。如果上面布满了灰尘，即使是平时不扫除的员工，也不会装作看不见。他们会拿着扫帚和抹布，主动到这个地方打扫卫生。

在公司，让员工们为做某件事而一起努力，很难办到。而且，越是智能水平高的公司，员工们就越难以互相配合。

但是，**一开始舍弃物品，员工们就变得好配合了**。即使没有社长和干部的命令，他们也会主动配合。

只要强制大家开展环境整理工作，员工们就会开始主动配合别人。因为员工们通过一起扔东西，可以唤醒他们藏在心中的"合作精神"。

促使大家定期舍弃物品的三大机制

时间一久，无论什么样的公司，不要的东西都会增多。因此，必须制定"定期舍弃物品的机制"。

很多员工都以"扔掉太可惜""总有一天会用到"等为理由不想扔东西。所以，我们必须制定可以强制他们舍弃物品的机制。

武藏野有三大舍弃物品的机制：

①人事调动

②换座位

③搬家

①**人事调动**

我们公司每个月都有人事调动。实施人事调动的目的有"使公司内部焕然一新、富有活力""让员工通过体验不同业务学会处理多项工作""提高业务指南的精度""防止营私舞弊"等。与此同时，人事调动还是"强制员工舍弃物品的一大机制"。

武藏野有"得斯清部门""经营协助部门"两大部门。从得斯清部门到经营协助部门的人事调动，实质上是"转行"。

得斯清部门，处理"眼睛看得见的东西"（扫除）。而经营协助部门则处理"眼睛看不见的东西"（经营咨询）。

虽然这两个部门隶属同一家公司，但工作内容完全不同。因此，将得斯清部门的工作资料带到经营协助部门，并没有什么用处。

当从 A 公司跳槽到不同行业的 B 公司，应该没有人会将 A 公司的资料带到 B 公司吧？如果公司变了，所需物品也会发生变化。

在武藏野，如果人员有了调动，在其他部门的体验对新工作是有用的，但资料等物品并派不上用场。因此，员工们在调动后都会扔一些物品。

②换座位

座位的移动，也是员工们舍弃不需要的物品的一大契机。而且，员工们还能借此机会重新审视设备和备品。光把椅子换成带小脚轮的转椅，也能使每日的扫除变得容易很多吧！

③搬家

只要搬家，我们就一定会舍弃很多不需要的物品。在整理和评估哪些东西是自己需要的、哪些是自己不需要的后，我们通常会舍弃不需要的物品，仅仅带走我们需要的物品。将读完的报纸带入新居的人，应该没有吧！

44岁时，我结婚了。结婚后，我们决定迁入新居。在我正在思考"带什么走"时，妻子对我说："请扔了那个，请扔了这个。"

结果，我带入新居的只有"一半衣物"和"一本相册"。我之所以带走相册，不是因为它是我心中的宝贝，而是因为我在工作中需要用到它。普通人在搬家的时候，一般会委托搬家公司用荷载量为两吨或4吨的卡车搬运家具什物。而我，用一辆出租车就搞定了。

武藏野曾在一年内改变所有营业所的位置。即使是在同一座楼里的两个部门，我也挪动了它们的位置：把位于右边房间的部门挪到了左边房间里，把位于左边房间的部门挪到了右边房间里。虽然我们平常彻底开展环境整理工作，但每次搬家，我们都能整理出很多不需要的物品。也正因为如此，我们常常搬家。一搬家，大家就会开始积极地舍弃物品。

化妆品公司 Dr. Recella 规定每年有一天是"舍弃物品的日子"。2007 年，Dr. Recella 刚开始致力于环境整理工作时，一天之内就整理出了用两辆荷载量为两吨的卡车才能装下的废弃物。从那以后，Dr. Recella 定期舍弃物品。据说，他们每年能整理出用 12 辆荷载量为 4 吨的卡车才能装下的废弃物。

整顿"物品""信息""想法"

在这之前，我主要讲了在环境整理工作中非常重要的"整理整顿"中的"整理"。

接下来，我讲讲近几年来我认为最为重要的"整顿"吧！

所谓"整顿"，即**"让物品保持无论何时、无论谁都能使用的状态"**——决定物品的摆放场所，统一物品的朝向，收拾出方便工作的环境。

"经常使用的东西放在跟前，不怎么用的东西放在里面"，是比较好的状态。

如果说"整理"是一种战略，那么"整顿"就是一种战术。整顿是具体实现我们在整理过程中，即在战略上所决定的事。

◎**整理是一种"战略"**……**决定不做什么**

◎**整顿是一种"战术"**……**具体的手段、方法、行动**

三大整顿——①物品、②信息、③想法

①物品

▶放在固定的位置

▶统一朝向

▶排列顺序

▶使用颜色和记号

②信息

▶实际成绩报告（数字）

▶顾客的声音

▶竞争对手的信息

▶总部及商业伙伴的信息

▶自己及员工的意见

③想法

【环境整理是一种遵循"PDCA 循环"[①] 的机制】

P（Plan）………立假说，制定计划

D（Do）………以假说为基础，按照计划实施

C（Check）………验证是否出现与假说一样的结果

---

① PDCA 是英语单词 Plan（计划）、Do（执行）、Check（检查）和 Action（行动）的第一个字母，PDCA 循环就是按照这样的顺序进行质量管理，并循环不止地进行下去的科学程序。——译者注

A（Action）………如果验证的结果与假说一样，则继续。如果与假说不一样，则改善（重新制定计划）

"整顿"包含以下三种：

① "物品"的整顿（物品的环境整理）

② "信息"的整顿（信息的环境整理）

③ "想法"的整顿（人的环境整理）

① "物品"的整顿

用"名称、数字、颜色、记号"规定物品的摆放场所

在摆放物品的时候，武藏野没有一个员工会"主动统一物品的朝向"。在武藏野工作的尽是一些"不做未规定的事的员工""硬着头皮做规定的事的员工"。

因此，我用名称、数字（数量）、颜色、记号等管理物品，并写明了摆放物品的位置以及摆放的方法（还指定了管理责任人）。

整齐地摆放椅子、笔、尺子、剪子、订书机、毛巾、书架，是件重要的事。即使我发出"将物品摆放整齐"的指示，他们也不可能将物品摆放整齐。因为"整齐"

武藏野式整顿法

是一种主观感觉，每个人的感觉不一样。因此，在整顿物品的时候，为了让每个人都能将物品放在规定的场所、按照规定的朝向摆放，我们有必要下点功夫。

"排列顺序"也是整顿方法之一。如果在停车场上标上"1、2、3、4、5"，并规定A停在1号、B停在2号、C停在3号，在停车的时候，全体人员都能将车停在规定的位置上。

无论武藏野的员工多么笨，也不会弄错"1"和"3"。国语辞典按"aiueo"顺序排列单词的位置。电话簿也是如此。因此，无论哪个，都用起来很方便。

我还整顿公文包的内部。我规定自己"在蓝色透明资料夹里放讨论会的资料""在黄色的透明资料夹里放与钱有关的资料"。由于讨论会的资料也是按照"供学生使用""供一般人使用""供经营协助会员使用"等三个类别放在固定的位置，所以想用时马上就可以取出来。

我还规定了公文包、名片夹、笔盒的摆放位置。明信片也是如此。我将生日卡放在明信片收纳袋的正面，圣诞卡放在它的反面。

钱包，我不仅规定了信用卡和银行卡的摆放位置，还以"1万日元放里面，1000日元放外面"的形式规定了纸币的摆放顺序。因此，我闭着眼睛就能像变魔术一样拿出钞票。

现金则按照"左侧放生活费""右侧放玩钢球游戏的钱""中间放员工托我保管的存款"的形式摆放。

钢球游戏店有将赢取的球存在店内的"存球系统"。我也会将球存在店内，但每次玩的时候，我都使用现金。因为如果用存球

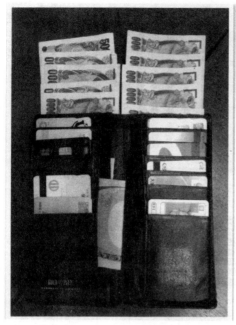

首次公开！小山升式钱包整顿法

玩，就不知道自己到底输了多少。如果将玩钢球游戏的钱和生活费分开摆放，无论输了多少，都能一目了然。

我按照"苹果手机放在右侧口袋""au手机放在左侧口袋""dokomo[①]手机放在腰带上的手机套里"的方式，规定了不同手机的摆放位置。

只有用来接收语音邮件的手机，我会随身携带两块电池。电池上也标有号码，每个星期日，我都会从1开始按照顺序换电池、为电池充电。如此一来，外出时就不会出现电池用尽的情况。

由于只要规定了物品的摆放位置，在用完后我就一定会放回原地，所以我能让物品一直保持"马上可以使用的状态"。

社长将权利下放，也是一件重要的事

在我们公司，虽然我规定了"物品要放在规定的场所""要统一物品的朝向"，但"如何摆放、在什么地方放什么"，并非

---

① dokomo，是日本最大的移动运营商。——译者注

由我决定。

我即使规定了"按照高低顺序摆放资料",也不会下详细的指示,告诉他们是按照从高到低的顺序排列,还是按照从低到高的顺序排列。

笔的摆放也是如此。虽然我规定"笔的朝向要保持一致",但我对是应该朝右放还是朝左放,从来不插嘴。如果社长规定得如此细致,所有人都会变成"没有指令就不会行动的员工"。

如何摆放,可以让现场负责人决定。在考虑具体状况和使用的方便性后,负责人可以先作出判断,再彻底践行。

社长在制定总体方针后让员工做决定、去执行,是件重要的事。

环境整理,是一种手段。与此同时,它也是一种以公司的经营战略为基础的思考训练法。

颜色是一种"语言"

在定位管理中,"颜色"也能发挥作用。从这个意义上可以说,颜色是一种语言。

信号灯便是其中具有代表性的例子。"红色代表停止,绿色代表前进,黄色代表注意"。司机只要看到信号灯的颜色就能判断当下的状况,决定是刹车还是踩油门。

如果使用颜色,整顿工作就会变得容易开展。

新桥亭,是一家于 1946 年在 JR 新桥站附近创立的北京料理店。这家料理店,1 ~ 8 层是客人座席,第 9 层是厨房。

饭菜,他们用升降机运到楼下。为了不出错,他们**用颜色管理**不同楼层的饭菜。在用升降机往下运饭菜的时候,托盘上夹着带颜色的夹子。1 ~ 8 层,各使用不同颜色的夹子。比如,他们规定，运到3层的饭菜，用红色的夹子；运到4层的饭菜用蓝色的夹子。如果运到3层的是带蓝色夹子的饭菜，他们就能马上发现"出错了"。

新桥亭规定，1层用白色，2层用黑色，3层用红色，4层用蓝色，5层用黄色，6层用绿色，7层用橙色，8层用粉色。

一看到这个颜色顺序就马上明白的人，一定是在中央竞马会赢过钱（或输过钱）的人。自行车竞赛、汽艇竞赛、摩托车竞赛的颜色顺序也与此相同，唯一的区别是，它们只有前6种。

如果"无法使用8种颜色"，用3种颜色也无妨。如果给不同月份的库存贴上颜色标签，比如当月库存用红色，下月库存用蓝色，下下月库存用黄色，就能马上知道哪个是最旧的库存。

三河畜产工业株式会社，是一家位于爱知县丰田市的食用肉制造公司。这家公司用颜色把从猪舍运来的猪加以分类。如此一来，哪头是昨天的猪，哪头是今天的猪，看一眼就能迅速区分开。

位于神奈川县足柄下郡的**Mark City**株式会社，是一家为运动服等服装制作商标的公司。在这家公司，送到现场的指示书，用不同颜色加以区分。

很多公司的内部文件，都用白纸。而这家公司则每天都改变纸的颜色。只要改变颜色，就能让大家迅速明白"从直观上看哪个是新指示书""应该优先执行哪个指示"。

如果用数字和颜色代替文字，将它们作为公司的"共同语言"使用，所有员工都能更轻松、更准确、更顺利地开展整顿工作。如果将工厂员工的衬衫颜色按照1层是深蓝、2层是蓝色、3层是红色的形式加以区分，其他楼层的员工就能一目了然。

"经营计划书"的记号也是一种"语言"

在武藏野的"经营计划书"里，清楚记载着"以 4 周为 1 周期"的记事表（日程表）。

我将这 4 周叫做 A 周、B 周、C 周、D 周，并按照"A 周的周三：环境整理合同培训（东京）""B 周的周二：经营计划发表会""C 周的周一：部门领导会议""D 周的周四：领导会议"的形式，提前安排好每天的任务。定好"哪天做什么"并使之模式化，也是"整顿"的一种。

此外，如下所示，在记事表上，我还标上了"●""■"等记号。

"5.20（周一）评价调整会议 [实干] 54-5（早晨 / 小山）●"

"6.5（周三）董事会议 新毕业生研讨会⑦[实经] 48-5（矢岛 / 面谈小山 15:00）■"

"●"的意思是，"与实践干部塾的参加者一起吃饭"（实干：实践干部塾）

"■"的意思是，"与实践经营塾的参加者一起吃饭"（实经：实践经营塾）

从这种意义上可以说，记号也是一种语言。

第一周期

		六曜①	周	方针	早晨	摘要·生日
4.29	周一	佛灭		=	休	昭和之日 [实经]45-6（小山） 好富淑予 宫崎敏弘 泽野佳代子
4.30	周二	大安		顾客	2组	[实经]45-6（小山） 冈部加奈子 田中辉鹰 小井土达也
5.1	周三	赤口		姿势	3组	[实经]45-6（小山）环境整理合同培训（东京） 丹智之
5.2	周四	先胜	A	对手	4组	[实经]45-6（小山）转移→大阪 环境整理合同培训（大阪）
5.3	周五	友引		=	休	宪法纪念日 转移→东京 结婚纪念日（玉井） 相马爱
5.4	周六	先负		=	休	绿之日 曾我都生子
5.5	周日	佛灭		=	休	儿童节
5.6	周一	大安		=		补休
5.7	周二	赤口		投诉	5组	经营计划发表会（矢岛·由井） 山内香奈子 荒木勇治
5.8	周三	先胜		投诉	1组	银行访问（同行 ×） 现场参观学习会（东急旅馆：日经／糊涂账研讨会）
5.9	周四	友引		商品	2组	参观学习活动①（小山·佐佐木）
5.10	周五	佛灭	B	销售	3组	新毕业生最后一次面谈⑤ 共同学习会（Amz Project 公司·滋贺大发贩卖公司·Sun Yamamoto 公司)[实! 员工大阪]21-1 野口智弘
5.11	周六	大安		=	选择	KS 会议（7:30）新毕业生研讨会⑥ 广播录音（13:00—16:00）[实! 员工大阪]21-1 确定方针 A 山本有子
5.12	周日	赤口		=	休	北泽庆太 坂本恭隆 福室达

① 六曜：在中国最早的历法中，人们用"六曜"将一个月 30 天分为五等分，用以区分每一天。六曜包括佛灭、大安、赤口、友引、先胜、先负。——译者注

5.13	周一	先胜	C	社徽	选择	部门领导会议 转移→大阪 合同大阪：[实经]48-1[实干]56-1 (小山) ■（新大阪华盛顿）[实！营业]27-3A 山近洋子 田仓将至 原田英祐 千藏雄一郎
5.14	周二	友引		发表	4组	合同大阪：[实经]48-1[实干]56-1（小山）[实！营业]27-3A 鲤沼贵之
5.15	周三	先负		长期	5组	早晨休息 得斯清会议（8:00）[实经]46-5（小山）[实！营业]27-3A
5.16	周四	佛灭		经营	1组	[实经]46-5(小山)Pakuri(三河畜产工业公司)
5.17	周五	大安		环境	2组	[实经]46-5（小山）[实！培训]6-3 畠山绫子
5.18	周六	赤口		=	选择	[实经]46-5（小山）[实！培训]6-3 社长喝酒会（久保田） 石井舞帆
5.19	周日	先胜		=	休	佐佐木辰弥
5.20	周一	友引	D	伦理	选择	评价调整会议 [实干]54-5（早晨 / 小山）● 员工推销培训 [会员] 现场参观学习会 [GUP]21-1
5.21	周二	先负		驾驶	3组	[实干]54-5（小山） 员工推销培训 [实！员工]20-2 [实！GUP]21-1 大原美佐子
5.22	周三	佛灭		个人	5组	检查（中嶋·上野·五十岚·田中·矢秀·高佑） 演讲 人事评价研讨会 [营业]27-3B [员工]20-2 [G]21-1 山下纪子 岛田直树
5.23	周四	大安		社会	4组	领导会议 评价面谈（AM：经营协助）HI8 周年（立川）Hearty 政策学习会（小山） MV 会 [实！营业]27-3B
5.24	周五	赤口		战略	5组	HI 会议评价面谈（7:50-14:20）[实！营业]27-3B ★（15:30）
5.25	周六	先胜		新规	出勤	上半期政策学习会（西野·猿谷） 结婚纪念日（樱井学） 五十岚善久
5.26	周日	友引		=	休	结婚纪念日（高梨）

"经营计划书"中的以 4 周为 1 周期的记事表

盘点钱，可以预防员工营私舞弊

武藏野也开展"金钱的环境整理工作"。这么做是为了不让员工营私舞弊。

很多公司都会盘点商品和产品（物品），但他们不会盘点钱，不会开展"金钱的环境整理工作"。而武藏野除了盘点物品外，还盘点钱。

A银行有多少钱，B银行有多少钱，C银行有多少钱，普通活期存款有多少，定期存款有多少，我都会在领取余额证明书后细细核对。

很多社长都知道"A银行里有多少钱"，但他们并不知道该数据是真是假，并没有亲眼看过余额。

有的社长因认为"委托会计打理钱财，没问题"而十分安心。实际上，这种委托法，并不正确。

所谓"委托"，并不意味着"被委托方可以随便处理"，而是指**"在规定的范围内，被委托方可以按照'规定的做法'做"**。

也就是说，在委托方明确传达"方针""数值目标""领地""职位""下属"等信息之后，在不超出这个范围的前提下，被委托方可以自由地开展工作。

"将得斯清居家养老立川站的责任人委托给某某"这个指示的意思是："居家养老立川站的数值目标是这个，做法已写在经营计划书中，请与这个人建立上下属关系。只要满足这些条件，就可以自由地开展工作。"

员工营私舞弊，是因为社长没有明确被委托方的职责范围。

每年，武藏野在2月和8月各盘点一次钱（银行在3月和9月结账，所以我们在结账的前一个月盘点）。

那么，具体做什么呢？答案是："将钱转移到其他银行。"如果在把钱从 A 银行转到 B 银行后，A 银行的余额减少了，那就意味着钱没有问题（员工没有营私舞弊）。

"让公司不出犯罪者"是社长的责任

无论怎么相信人，都不可相信工作。

委托方定期检验工作（被委托方定期接受检查），是件重要的事。无论是物品、人还是信息、钱，都应在好好整顿之后仔细检查。如果能建立起这种机制，就不会出现营私舞弊的行为。

在武藏野，社长每年检查钱两次。因此，我们能防止员工营私舞弊。即使出现了营私舞弊的行为，我们也能立马发现。

"不让员工营私舞弊"，换言之，即"让公司不出犯罪者"。因在武藏野营私舞弊而进入武藏野的员工，一个都没有。那么，为什么员工会营私舞弊？答案是：因为社长培育了犯罪滋生的土壤。

营私舞弊的员工，是犯罪者。但是，我认为，让公司盛行营私舞弊之风的社长，与犯罪者是同罪。

社长无知，便是在犯罪。干部无知，也是在犯罪。

② "信息" 的整顿

只需明确"何时、何地、谁做了什么"等客观事实

在武藏野的会议上，我都是先让离现场最近的"下级负责人"（＝了解现场情况的员工）按照下面列出的（a）～（o）的顺序作报告。

这么做，是为了整顿信息。如果事先不定好员工工作报告的顺序，上级负责人或天生大嗓门的员工就会成为会议现场的支配者。而且论点容易朝着错误的方向展开，我们很可能会忘了开会的目的。如此一来，会议就变成了"怪议"。

我们每次开会的时间是 1.5 ~ 2 小时。在此期间，我会一直听他们说话。

我不会在中途发表言论。等听完全体人员的报告后，我才会发出"停止某个行为"的指示。

（a）实际成绩报告（数字）

谁，卖什么，卖了多少？哪个部门算出了多少盈余（或赤字）？报告具体的数字，并与社长以下的干部共享信息。

（i）顾客的声音

共享顾客的表扬和批评。

（u）竞争对手的信息

什么样的竞争对手，采用什么体制，正在展开什么样的营业攻势？详细报告现场的第一手信息。

（e）总部及商业伙伴的信息

主要报告供货厂商的信息。

（o）自己及员工的意见

不以顾客、对手公司的动向为基础的"自己的意见"，不可能有用。因此，把自己的意见放在最后说。

我还规定，与"顾客的声音"和"竞争对手的信息"有关的报告，在 A4 纸上只需写两行。因为如果要求他们写得比两行多，他们就会撒谎，或空谈阔论。我只想知道**"何时、何地、谁做了什么"等客观事实**。因此，写"两行"，就足矣。

建立上级负责人向下级负责人索取信息的机制

部长无法把握现场的实际情况。因为他们不直接接触顾客。如此一来，即使他们能说"自己及员工的意见"，也无法按照（a）~（e）的顺序作报告。

那么，部长该怎么办呢？部长想了解现场的情况，可以叫科长、所长、店长来，开一个与上述会议相同的会议。

实际上，被部长叫去开会的科长，也不了解现场。即使他们能阐述"实际成绩报告"和"自己的意见"，也无法讲解顾客的声音和竞争对手的信息。那么，科长该怎么办呢？科长可以将兼职员工、普通员工聚集在一起，通过他们收集现场的信息。如此一来，**上级负责人向下级负责人索取信息的机制**，便形成了。

光对下属说"来作报告"，并无法收集到信息。如果出现"下属不提交信息"的情况，并不是下属有问题，而是下指示的领导有问题。

在武藏野，我将经营方针、长期事业构想书、长期财务分析表、经营目标、事业年度计划（年度日程安排）等汇集在"经营计划书"中，规定员工必须随身携带"经营计划书"。这也属于**"信息"的环境整理**。

如果**明文规定**必须将"**何地、有何信息**"**收入手册**中，就没有必要特意问别人。

小山式"手机地址簿"整顿法

我也经常整顿手机的地址簿。

大家在电话的地址簿里存"小山升"这个名字的时候，都会输入"xiaoshansheng"吧！由于如此一来，"小山升"可能被存在"X字母"的最下方，所以如果想要以操作键盘的方式找到"小山升"，需要花一些时间。

如果是我的话，我就会将"小山升"存为"XXX 小山升"。如此一来，"小山升"就会被存在"X"的最前方，我想打电话时，立马就能打。也就是说，如果将"你经常打电话的人"存在某个字母的"最前方"，用起来就会方便很多。

在我的手机地址簿中，我一直将常住旅馆的电话号码存在 I 字母下。无论是日航大阪旅馆，还是东急旅馆，都存在 I 字母下。因为中国没有以 I 字母为开头的姓氏，所以如果将旅馆名存在几乎用不上的 I 字母下，就能快速找到旅馆的电话号码。

我们不可轻视手机的作用。如果在规定好摆放场所后管理"物品"和"信息"，就能节约时间。

促进信息共享和信息的无纸化

我们公司于 2010 年开始用"iPad"。其目的是整顿信息。

在"iPad mini"开始销售后，考虑到"iPad mini"更便于携带，我便将"iPad"换成了"iPad mini"。"iPad"刚下发时，员工们净用它玩游戏了。但现在，他们正用"iPad mini"和"FileMaker"（数据软

使用"iPad mini"的"环境整理检查"

件）、工作通讯软件"ChatWork"，推进"信息的共享化"和"信息的无纸化"。

过去，经营协助部门，一直用纸质检查表确认研讨会的进展情况、出席者、备品等。而现在，他们使用的是云服务平台上的"电子化检查表"。有了"电子化检查表"，全体员工即使在远离会场的地方，也能实时共享信息、联络事项等。只要输入"iPad mini"中，也能马上在云服务平台上与人共享。

每月实施一次的"环境整理检查"，在数年前也是使用"纸质检查表"。但现在都统一用"iPad mini"管理。在将检查表电子化后，我们通常将实施状况和检验分数输入"iPad mini"中（在计算分数后，制作图表和报告，并向全体公开）。

如果在会议中将发言内容输入"iPad mini"中，全体与会者就都能共享信息。以前，与会者在回公司后还需要制作日报，交给领导，而现在，他们已无需把时间花在这上面。因为他们可以将信息输入"iPad mini"中，以邮件的方式向领导报告。

我给全体员工和兼职员工、内定者都发了"iPad mini"。其中，员工 180 台，兼职员工和内定者 250 台。给他们发"iPad mini"是出于这样的考虑：如果他们无论何时何地都能登录公司内部网，就能快速促进信息的共享化。

③ "想法"的整顿

用"经营计划书"和"早晨学习会"统一价值观

所谓"想法"的整顿，即让全体员工都知道"对公司而言，什么是正确的行为""对员工而言，什么是正确的行为"。

为了整顿想法，武藏野使用"两大"文本："经营计划书"和拙著《增补改订版 工作能人的心得》。基本上，我们只使用这两大文本。因为使用少量文本，让员工反复做同一件事，更容易促进他们的成长。

"经营计划书"是**公司的发展手册**。将公司应视为目标的"数字"、员工应遵守的方针和"以4周为1周期"的日程表都记在"1本手册"中，是作为社长的我，对公司应该怎么发展、想让公司如何发展作出的明文规定。

《增补改订版 工作能人的心得》收录的是，总结自我的体验的"1402个扫除用语的解说"。它是我以为让员工拥有共同语言而编写的"武藏野扫除用语解说"为基础重新编写的书。

武藏野每周举办一次以这本书为文本的"早晨学习会"（早晨7点30分～8点15分）。

在该学习会上，前半小时先随机抽取15～20个扫除用语，让全体员工跟着我喊出来，然后我一一解说这些扫除用语。如果我出差，则采用视频学习法。

剩下的15分钟，让员工发表自己的心得体会。是否参加早晨学习会，我不强制，员工们可以自由参加。不过，因为它的出席状况与奖赏挂钩，所以实际上它还是一种"强制型活动"。由于**每参加一次奖励**500**日元**，所以即使是平常最怕早起的员工，也会开心地参加学习会。

在我听说浅草得斯清（当时）在刚开始经营"小僧寿司"时，在傍晚举办学习会后，我曾想："让武藏野也效仿它吧！"但当我们去现场参观学习后，却发现有很多员工在打瞌睡。可能是因为他们刚结束工作，都很疲惫吧！

因此，我决定："还是在早晨学习吧！"于是，我举办了早晨学习会。但是，出乎意料的是武藏野的员工在早晨也打瞌睡。在傍晚学习打瞌睡，在早上学习也打瞌睡。既然不论什么时候学习都打瞌睡，我除了制定"不让员工犯困的机制"，也别无他法。因此，我让他们把扫除用语读出声来，发表自己的心得体会。

我们举办早晨学习会的目的是："**让社长和员工拥有相同的价值观。**"如果谁都可以随意行动，业绩绝不会变好。

迄今为止，我已举办过"5000 多次"早晨学习会。在让他们反复学习相同的东西后，即使是无可救药的员工，也被培养成了优秀员工。

环境整理是一种遵循"PDCA 循环"的机制

中小企业想要变强，必须遵循"PDCA 循环"（Plan-Do-Check-Action）。但是，很多中小企业都不会正确地遵循这个循环。

P（Plan）………立假说，制定计划

D（Do）………以假说为基础，按照计划实施

C（Check）………验证是否出现与假说一样的结果

A（Action）………如果验证的结果与假说一样，则继续。

如果与假说不一样，则改善（重新制定计划）

武藏野曾两次获得"日本经营品质奖"。第一次获奖的时候（2000年度），武藏野处于"勉强开始遵循PDCA的阶段"——总的来说，还是处于遵循"PDPD循环"的阶段。

当时，我听到有位年轻的员工说"如果仅仅是制定计划并将计划张贴出来，那 PDCA 中的 P 就不是'Plan'中的 P，而是'Poster'

中的 P"，还觉得他说得很不错。

虽然迄今为止，我已指导过 500 多家企业，但包括过去的武藏野在内，大部分公司都不会"check"。

因为一旦在"验证"这一项上懈怠，就无法知道"进展是否顺利""是否正在开展""是否处于中间阶段"，所以就无法进入"action"阶段。

如果社长"不验证结果"，就意味着他准许"员工没做完工作就撂下不管"。

"环境整理检查"，是一种让社长无法偷懒的机制

我不仅定期检查经营计划书、执行计划书、领导会议、部门领导会议、店长会议、分店审查小组会议，还对它们定期开展评估，让它们改善不足之处。

其实，**环境整理也是一种遵循"PDCA 循环"的机制。**

我们公司，以所有营业所、所有分店为对象，每四周开展一次"环境整理检查"。除了我和干部员工参加外，我还邀请经营协助会员参加我们的"环境整理检查"。我这么做的目的是想让经营协助会员在亲身体验中学习检查方法。

在"环境整理检查表"上，每个项目都设有"评价"栏。检查完后，我们在上面画"○"或"×"——没有"△"这种评价符号。

一看到哪个项目被画上了"×"，"被检查的一方"就知道该项目是 PDCA 的"D"出了问题。之后，他们会检查"该项目为什么没有得到○"，思考"如何做才能得到○"，并致力于改善工作。因为如果不这么做，下个月还会被画上"×"。"环境整理检查"

的具体做法，在后面有讲述。

此外，在我们公司的各个部门的墙上，都贴有"执行计划书"，社长以下的干部员工在开展"环境整理检查"时，还可以检查"执行计划书的进展情况"。

之所以一开始做环境整理工作就要遵循"PDCA 循环"，是因为我们有"每月检查一次"的机制。一旦规定每月开展一次"环境整理检查"，社长和干部员工就必须检查各个部门。可以说，**"环境整理检查"，也是一种让社长无法偷懒的机制。**

日昭工业，是一家于1967年创办、拥有65名员工、制造特殊变压器（transformer）的公司。该公司的久保宽一社长（57岁），在读完拙著后意识到："原来只要开展扫除工作，就能提升业绩啊！"于是，他开始按照自己的方式开展环境整理工作。但是，无论怎么扫除，他都看不到成果。他失败的原因是，他缺乏"遵循PDCA循环"的意识。

到现场考察后，我发现，确实每个部分的扫除工作都做得很细致。但是，他们的检查方法有不足之处，"PDCA 循环"没法顺利循环下去。

久保社长说："我没有规定何时扫除、扫哪里，只是在毫无章法地开展扫除工作。虽然我也常常开展检查工作，但每次都是搞突然袭击。"

"突然袭击式检查"，绝对 NG！

在检查的时候，绝对不可以搞突然袭击。因为如果被检查的一方不知道何时检查，就干脆"不开展环境整理工作"。

在检查的时候，应事先告知"将于 × 月 × 日检查哪项"。

如此一来，员工们就会在前一天硬着头皮整顿环境。因任由员工做主而"什么也不做"，与因对员工的自主性不抱有期待而"让他们做些什么"相比，**还是"让他们做些什么"更能促进改善工作的开展。**

近10年来，日昭工业约增加了8倍销售额。促进其销售额增加的动力，正是因遵循"PDCA循环"而获得的业务改进。

我在猜拳的时候也遵循"PDCA循环"。从对方的谈话和不形于色的举止，我曾作出以下假设：

"平时吃汉堡总是从中间吃起的人，今天从边上开始吃起，真奇怪啊！从中间吃起的时候，他总是出'石头'。今天他从边上吃起，很可能出不同的'牌'。"

由于我总是像这样反复进行"假说与验证"，所以我的胜率一直保持在八成以上。

我在银座的高级俱乐部与人玩猜拳的时候，曾事先将"自己出什么"写在杯垫的背面，并宣布"如果我出这个，就会输"。在实际输了之后，我将杯垫翻过来给对手和女招待员看，他们个个发出惊讶的声音。因为我的假说是正确的。

土木建筑公司**小田岛组株式会社**的小田岛直树社长（50岁），曾与我玩猜拳，并输得一败涂地。

小田社长曾笑着说："初次与小山社长见面的那个晚上，他带我去了夜总会。在去之前，我俩决定谁猜拳输了就让谁付钱。如果是3000日元，还说得过去，结果他让我带了3万日元。我从岩手县到东京见小山社长，不仅交通费自理，还要付夜总会的费用……。我就想，我为什么必须请今天刚刚见面、我一无所知的大叔（失敬！）

去夜总会呢？于是，想哪天把钱捞回来的我，进了小山社长的实践经营塾。或许我是被小山社长巧妙地'骗'了。"

历经 5 年时间，我掌握了"隐形知识"

"环境整理检查表"，以 120 分为满分。

中途我曾想将满分恢复至 100 分，但后来我又打消了这个念头。因为我意识到，从经验的角度看，如果在持续开展环境整理工作后取得 95 分以下，便是体系上存在问题（今后很可能引发问题）。

以经验为基础的知识（无法用语言解释的知识），被称为**"隐形知识"**。我并非从一开始就知道"取得 95 分以下便意味着有问题"这一点。

我花了 5 年时间才注意到"隐形知识"的存在。我能意识到"取得 95 分以下是体系上存在问题"，是因为**"我反复做同一件事做了多次"**。仅仅做一两次，应该是无法意识到这一点的。

同一件事，如果持续做 30 次，你就能慢慢"明白"事物的本质。如果持续做 100 次以上，你就能达到"高深"的境地。

我玩钢球游戏的胜率之所以能达到 8 成以上，是因为我已达到掌握"隐形知识"的境地。

我知道"这家店的店长是什么性格""昨天已取得 30 次大丰收的这台机器，今天会如何""为什么这个区域空荡荡的"。所以，我能赢。

让销售额"呈两位数增长"的动力

我一直认为："未来，日本的经济不会大幅度好转。"引领战后的日本经济的汽车厂家，正在将生产基地移至海外。受少子高龄化的影响，房地产行业也不景气。观察家电行业，可以看到中国、韩国以及中国台湾地区的新兴企业，正在抬头。因此，说现在的时代是"业绩下滑的时代"，是正确的。

但是，我们作为经营者，在了解这一点后，明知难以办到，也必须提升利润。"因为经济不景气……""因为全行业的业绩都在下滑……""因为我们是成熟产业，所以无法再发展……"，如果总是将公司业绩不好归咎于外因，总有一天会被淘汰出局。**我们不应将外部原因作为不努力的借口，应靠自己的力量让公司变强。**

宫川商店，在东京大手町、四谷、丰洲都设有**"宫川烤鸡肉串店"**。它是一家在外食行业已进入冬天的时代，销售额依然呈**两位数增长的优良企业。**

为什么"宫川烤鸡肉串店"能成为总有顾客排长队争先购买的人气店铺呢？答案是：因为星浩司社长（43岁）致力于环境整理工作，彻底"整顿"环境。

为了提升销售额，"宫川烤鸡肉串店"增加了午餐菜单。因为房租没有变化，也没必要重新装修，所以即使煤电费和人事费增加了一些，只要客人周转循环块，就能增加销售额。

在推出午餐菜单后，他们开始在店前卖便当。他们将晚上的套餐菜单的介绍和折扣券等一起装进了便当的袋子里。如此一来，晚上的顾客也增加了不少。

在众多小酒馆中，也有卖午餐和便当的店。但是，星社长与其他店铺的经营者有两点起决定作用的不同之处。

其一，注重**"数字"**。星社长清楚地知道，只要每天的销售额增加100万日元，毛利增加50%，销售额增加10%，营业利润就能超过 40%（我们将这种避开详细计算的计算称为"增量计算"）。

其二，一直开展**环境整理**工作。在宫川烤鸡肉串店，原本"两人花 1 个半小时"才能准备好的午餐，一个人花半小时就能做好，是因为他们彻底开展后院、厨房、大厅的定位管理，并建立了"**尽量少走一步、少花一秒的员工行动机制**"。

通过整顿想法，让业绩有所提升

Sanbiru，是一家建筑维修公司。建筑维修行业，也是一个超成熟的行业。过去，Sanbiru 的销售能力很差，销售员即使到了现场，也无法拿下工作。但是，在他们开始努力开展环境整理工作后，情况就发生了变化。

在常驻派遣地的时候，他们会租借顾客的库房放清扫用具。即使是在这种时候，Sanbiru 的员工也会对库房开展环境整理工作，规定道具的摆放场所。

据说，知道他们连清扫用具都"整顿"的顾客，曾赞叹说"只要看看库房，就能知道贵公司有多么厉害"。而且，从那以后，这位顾客将很多工作都交给了 Sanbiru。

无论销售员怎么说都无法拿下的工作，却被不会说话的"库房"毫不费力地拿下了。可以说，**Sanbiru 的顶级销售员，实际上是"经过整顿的库房"**。

本村装订，是一家装订出版物、印刷品的公司。虽然总有印刷厂和装订厂接连不断地破产，但本村装订却一直蓬勃发展着（**17年内，销售额提升了 9 倍**）。

本村装订通过 24 小时开动装订机器提升销售额。在装订线上，他们提前设置好"超级特快模具"，以应对顾客的紧急委托（即提供"**超级特快！24小时快速装订**"服务）。

数年前，晚上他们一直让装订线停工。后来，他们重新研究了装订线的开动时间，在时间的使用方法上下了功夫。换言之，他们**对时间进行了整顿**。

便利店之所以能在销售额上超过百货商店，是因为它们的营业时间是百货商店的两倍多。百货商店的营业时间是"10点~20点"。而便利店的营业时间是从早到晚24小时。在时间上，两者差一倍多。虽然便利店的营业时间是百货商店的两倍多，但固定成本并没有发生变化，增加的只是变动成本。因为商品的周转很快，所以自然有盈利。

很多公司的社长，在销售商品的时候，总说"想提高利润率"或"想降低劳动分配率"。其实，**这种想法是错误的**。如果连支付固定成本的毛利都没有赚得，公司就会陷入赤字之中。因此，公司不可不追求**销售数量**。以廉价销售的方式让商品快速周转，并赚得支付固定成本的钱，才是重要的事。也正因为如此，便利店行业才可以打败百货商店行业。

在本村装订的"超级特快！24小时快速装订"的服务中，他们对"金钱的流动（接受订货的方式）"也开展了整顿工作。

他们将"先完成工作，再收钱"的收钱模式改为"先收钱，再工作"的收钱模式这和坐飞机得"先"买机票，是一样的。**在服务行业，先收钱，再提供服务，是正确的做法**。因为从赊款变为"**预收账款**"，能提高资金的流动性，所以经营体质能得到改善。

所谓环境整理，即**"整顿""准备"容易开展工作的"环境"**。

本村真作社长（50岁），在改变时间的使用方法、账款的收取方法后，让工作变得更容易开展了。这是本村社长为整顿环境而开展的一种尝试。

本章小结：“扫除”与“环境整理”，有何不同

“物品”“信息”“想法”的整理整顿法

1. 所谓“扫除”，即以打扫或擦拭的方式去除垃圾、灰尘、污垢。

所谓“环境整理”，即“整顿”“准备”容易开展工作的“环境”。

2. 扫除：自愿（无偿）·自由（无法强制员工做什么）。

环境整理：工作（发工资）·义务（可以强制员工做什么）。

3. 所谓公司所需要的人才，即能如实贯彻公司（社长）的方针的人。

正因为做过自己讨厌的事、不想做的事，人才能变得温顺。

4. 所谓“整理”，即舍弃物品。区分必需品和非必需品，彻底舍弃非必需品，决定不做哪些事情，都属于整理的范畴。

所谓“整顿”，即使物品摆放整齐。决定物品的摆放场所，统一物品的朝向，让物品保持无论何时、无论谁都能使用的状态，都属于整顿的范畴。

5. 整理是“战略”，是决定不做什么，而整顿是“战术”。

“整顿”包含以下三种：“物品”的整顿（物品的环境整理）、“信息”的整顿（信息的环境整理）、“想法”的整顿（人的环境整理）。

6. 无论怎么相信人，都不可相信工作。营私舞弊的员工，是犯罪者。而让公司盛行营私舞弊之风的社长，与犯罪者是同罪。社长无知，便是在犯罪。

7. 环境整理是一种遵循“PDCA循环”的机制。“环境整理检查”，

是一种让社长无法偷懒的机制。检查时,绝对不可以搞"突然袭击"。

　　8.同一件事,如果持续做30次,你就能慢慢"明白"事物的本质。

如果持续做100次以上,你就能达到"高深"的境地。

第 3 章

"清晨扫除活动"是最强大的员工培训法

想要掌控组织，环境整理是唯一方法

我曾在"府中监狱"待过。府中监狱是一个关押被判多年的犯人的地方。虽然关押时间也因"所犯的罪"而异，但一般都得关5年以上。我是当天去，当天就回来了。

1977年（昭和五十二年），我成立了一家名为"Berry有限公司"的手巾出租公司——在我就任武藏野社长之前。虽然此后Berry一直处于增收增益的状态，但我常常为筹措资金而烦恼。

当时的我很无知。销售额100日元 - 进货款50日元 - 开支40日元 =10日元利润。按照常理，我可以存下10日元，但我手上却没有现金。原因是，我用50日元的毛利马上支付了进货的赊购款，而100日元的销售额则被暂时赊欠着。当时，我对"收支正在失去平衡"毫无察觉。

有活儿有利润，手上却没有钱。于是，我开始想："有没有有钱但没有活儿的地方呢？"答案是有这种地方。它就是府中监狱。这里有劳动力，设备健全，而且面积也很大。但是，他们没有活儿。在与供货公司的社长商量后，我主动向府中监狱提出我的想法。结果，他们欣然答应了。在那之前，我已拥有两个手巾工厂。于是，府中监狱便成了我的第三个工厂。

大家可曾看过一部名叫"无仁义之战"的电影？这是一部由菅原文太担任主演的黑帮电影。府中监狱，与这部电影中的场面，是一样的。整个监狱，一尘不染。而且，因为他们彻底贯彻"整理、整顿、清洁、礼仪、纪律"（＝环境整理）这五项要求，所以监狱内也没有暴动。

纽约的地铁站也在开展环境整理工作后发生了改变。在 1970 年前，纽约的地铁站，是一个"又脏又危险的场所"。

矢岛茂人（武藏野专务董事）在去纽约旅行前，旅行社的陪同特意告诉他："地铁站太危险，请一定不要去。你要去了，我无法保证你能活着回来。"

但是，现在的纽约地铁站已不同以往。它与日本的地铁站一样，既干净又安全。

1980 年代，纽约地铁站严格遵守"被乱涂乱画的车辆，一律不让开"的规定。于是，乱涂乱画的罪犯因觉得"如果别人看不见自己的辛苦之作，就没有画的意义"，而不再乱涂乱画。

此外，据说，在有关人员积极修复贫民街上被打破的玻璃后，犯罪率很快就降低了。无论是乱涂乱画的消失，还是犯罪率的降低，都是反复开展环境整理工作的结果。无论是日本的自卫队，还是美国的军队，都规定队员们必须参加扫除活动。在寺庙和神社，扫除也是修行之一。

想要锻炼人、掌控组织，除了让全体成员开展"清晨扫除活动"（环境整理）外，别无他法。

福冈 Toyo，是一家经营住宅建材和不动产的公司。这家公司于 2013 年由"大牟田 Toyo 住器公司"与"福冈 Toyo 公司"合并而成。在合并公司的时候，往往不可操之过急。即使是企业并购，也不可马上将两家公司合并在一起。因为两者存在文化差异。

大牟田 Toyo 住器的社长樱井信也（53 岁），在合并前就开始致力于环境整理工作，他对环境整理的有用性有深刻的了解。因此，他也想在拥有不同文化的福冈 Toyo 开展环境整理工作。

当时，福冈 Toyo 的员工，应该对此想法非常不解吧！他们应该会这么想："为什么要扫除啊，扫除多麻烦！"但是，**强制员工做麻烦的事、他们讨厌的事，是培训的一种方式**。即使员工们对此议论纷纷，樱井信也社长也没有改变自己的想法。在察觉到什么后，人才会发生改变。

当他们的感性思维因开展环境整理工作而得到培养，当他们察觉到一些小变化后，他们才会开始改变。

樱井社长在两家公司的价值观达成一致前，一直耐心地等待着。大约三年后，他才开始经营由这两家公司合并而成的新公司——福冈 Toyo。

他之所以能顺利地领导新公司，是因为他已通过整顿环境掌控整个组织。

环境整理是磨练感性思维的一大方法

问大家一个问题："头脑聪明的人"是什么样的人？是从一流大学毕业的人吗？还是在一流企业工作的人？抑或是记忆力好的人？

在我看来，所谓"头脑聪明的人"，即**"拥有优秀的感性思维和精准的判断力的人"**。

再问大家一个问题：你认为如何做可以磨练感性思维？实际上，即使你学了很多，大脑中装了很多知识，也无法磨练你的感性思维。想要磨练感性思维，**"亲自体验"**才是最佳方法。

被指派任务时，应试着先做做。如果你试着做了，你就会发现："啊，是这样啊！原来会变成这样！"

这样的"发现"，往往可以增强我们的感性思维。而且，在我们通过拥有新体验收获越来越多的发现的过程中，我们判断力也会逐渐变得精准。

感性思维，并不是与生俱来的东西。我们与生俱来的东西，是"天资"。

世间的人之所以不同，是因为每个人都拥有不同的天资。一般情况下，天资，后天是无法锻炼的。

但是，**我们可以磨练我们感性思维。**也就是说，只要通过体验新事物不断积累发现，**所有人都能成为"头脑聪明的人"。**

人在认识到什么之后，才能改变自己。因此，仅仅在口头上传授东西，并不可行，社长必须给员工很多"体验"。

业绩能提高多少，就要看公司能给员工提供多好的培训方法。可以说，**环境整理才是磨练感性思维的最佳培训方法。**

培养"察觉力"的方法

光用大脑理解，并无法磨练感性思维。只有流过汗、亲身体验过，才能磨练感性思维。

在擦地板、日光灯、厕所的过程中，员工的感性思维也能得到磨练。如果每天早上擦 30 分钟，他们就会有很多发现，比如"这里有点凹凸不平""柱子上有小伤痕""最好快点换灯泡吧""空调的过滤器到了该换的时候了"，等等。

只要你多多留心周围的事物，你就能不断磨练你的感性思维，不断让你的感性思维绽放光芒。

做扫除工作，会弄脏手。在这之后，如果用水洗手，心灵的污秽也会被一同冲走。从事田间工作的人大多心地善良，就是因为他们总用水冲洗满是泥土的双手。

想要培养察觉力，就不可过度扩大一个人的责任范围。

还是将责任范围集中在小范围内比较好。因为如果你彻底擦"**如一张报纸大小的空间**"，你就能注意到细小的污渍和微小的伤痕。

在武藏野，"作业计划表"和"领地地图"都张贴在墙上，以提示责任划分和责任人。

如果不缩小领地，就无法促使员工提升察觉力。"花 30 分钟打扫整个房间"和"**擦如一张报纸大小的区域**"相比，后者更容易让员工们察觉到什么。而且，如果是后者，员工们便能做像"先剥蜡后涂蜡"这样的细致活儿。

在打扫时，我们应先决定"今天只打扫哪部分"，然后将其彻底打扫干净。我将这个过程称为"**清洁的过程**"（换言之，武藏野的清晨 30 分钟扫除做的是环境整理工作中的"清洁工作"）。

有位世界闻名的音乐家曾说过这么一句话："一天不练，自己知道；两天不练，评论家知道；三天不练，听众知道。"正如他所言，即使只休息一天，感性思维也会变得迟钝。因此，我们也必须每天都踏踏实实地开展环境整理工作。

环境整理的 7 大优点

我一直相信，**环境整理才是最强大的员工培训法**。因为它既可以培养员工的感性思维，还可以加强员工之间的沟通、提升兼职员工的战斗力。在"前言"中我也曾提及环境整理有 7 大优点。

①让员工与社长的价值观达成一致；

②让"必须做的工作"一目了然；

③让弱小的公司拥有强有力的武器；

④让徒劳无用的加班减少至零；

⑤让女兼职员工、合同制员工成为最强大的战斗力；

⑥让库存大幅度减少，显著改善资金周转状况；

⑦让公司内部变得干净，让员工获得快速成长。

那么，被教育的一方，即我们公司的员工，对"被迫"开展环境整理工作这件事，是怎么想的呢？

让我们听听经营协助事业总部下属的企划部员工井口舞美怎么说吧！

我于 2004 年进入武藏野。因为当时环境整理已融入武藏野的文化中，所以对我而言，参与其中是理所当然的事。因为在入职前的培训中我也曾体验过，所以我从未觉得每天早上花 30 分钟整顿环境是件麻烦的事。

不过，"环境整理检查日"另当别论，现在的我依然会为这一天而烦恼。

在检查当天的早上或前一天晚上，为了不露破绽，我总是要**慌慌张张地**将平时收拾得不到位的地方**再重新美化一下**。从10年前到现在，我一直这么做。

"环境整理检查"的检查人员，为了检查是否有灰尘，曾把棉棒放入小轮（椅子的滚轮）的回转轴中。

由于我从未想过连这种地方都会检查，所以我并没有处理此处的污垢。

最后，我们得到的评价是"×"。

于是，在第二个月的检查前夜，营业所的全体成员开始绞尽脑汁地想如何做才能清除回转轴中的污垢。最后我们想到的方法是"先在垃圾箱中盛满热水，将卸下的小轮（滚轮）放入热水中浸泡一晚，到第二天早上，再擦去浮在表面的污垢"。

在整理、整顿、清洁的意识已深入人心的职场工作，我渐渐有了"效率意识"。无论做什么，我都会思考"**如何做可以减少作业工序**""**如何做可以轻松一些**"等问题。

其实，将小轮浸泡在热水中的做法，并不是什么值得表扬的做法，每个营业所都像我们这样下功夫。就像小山经常说的那样，想轻松做事，才是正常人。

"环境整理检查"的评价，与"部门"的奖赏挂钩。因为这不单单关系到自己的奖金，所以我不能敷衍了事。如果因为我的松懈而让部门丢分，就意味着我给周围人添了麻烦。

被分配到我的营业所的女员工（小A），曾在检查当天忘带姓名卡。在检查项目的第3项上，明确写着"应佩带姓名卡（别在上衣上即可）"。因此，该项目我们获得的评价是"×"。就这样，仅仅因为一个人的失误，部门全体人员的评价都被拉低了。

小A在意识到事情的严重性后，顿时惊慌失措，并哭了起来。虽然老兼职员工温柔地安慰她："小A，没事的。下次多注意吧。"但她的眼睛里毫无笑意。

环境整理的评价，关乎全体，不只与自己有关。在犯过一次错后，我们就会保持高度紧张的状态，告诉自己"下次绝对要注意"。

我觉得，"环境整理检查"也是一种让我们边意识到连带感和责任感的存在，边认真做好自己的分内事的训练方法。

由于在早上扫除的时候，即使我们喋喋不休，也不会被斥责，所以这也是一段快乐的时光。从它有助于**加强员工之间的沟通**这个意义上说，这段"我们喋喋不休的时光"具有重要的意义。

由于我是以新毕业生的身份进的武藏野，所以我并不了解其他公司。但是，从属于经营协助事业总部的我，需要拜访各种各样的企业。在拜访众多企业后，我切实感到"武藏野的环境是多么的好"。我之所以有这种感受，是因为武藏野拥有**"容易开展工作的环境"**。

据我了解，在武藏野的所有全职员工、兼职员工中，并没有人讨厌做环境整理工作。因为大家都切实感到，通过整顿环境，不仅**可以磨练自己的感性思维，还能增强员工之间的沟通**。

此外，我们不讨厌做环境整理工作还有一个更重要的原因：只要我们认真地整顿环境，就能**换来奖赏、好评和餐券**。

环境整理的 7 大优点

①让员工与社长的
价值观达成一致

②让"必须做的工
作"一目了然

③让弱小的公司拥
有强有力的武器

④让徒劳无用的加
班减少至零

⑤让女兼职员工、合同制
员工成为最强大的战斗力

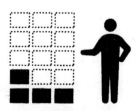

⑥让库存大幅度减少，显
著改善资金周转状况

⑦让公司内部变得干净，
让员工获得快速成长

批评员工时要对事不对人

我们公司是一家拥有全职员工180名、兼职员工500名（总计员工680名）的公司。虽然我们拥有这么多员工，但20年来，从未有人因郁闷或神经过敏而辞职。大家知道这是为什么吗？答案是：因为**我们始终注重"形式"**。

在武藏野，我在批评时从不对人，只针对"形式"和"事情（工作）"。为什么呢？因为"内心"是抽象的，"事情"是具体的。我们看不见"内心"，但能看见"事情"。

假设我给小 A 发出"去买瓶啤酒"的指示。而小 A 买回来的是"威士忌"。如果这个时候，我批评她说"你这个混账东西"，那我就成了"爱批评人的社长"。准确地说，这不是"批评"，而是"发火"。

如果在现实中遇到这种情况，我会说"你买的是威士忌，不是啤酒啊"。也就是说，批评时只针对**"事情"**。因为在批评时一针对"人"，就会伤害对方的心，所以公司的气氛也会随之变坏。

此外，如果批评方法因个人喜好等原因而任意改变，员工就会产生强烈的不公平感。我在批评时只针对"工作"，不会针对"人"；会提醒员工"是不是还没开始工作"，但不会对他说"你做事慢吞吞的"。

我不会说"你不行"，但会直接明确地告诉他们**"你某某事做得不行"**。

如此一来，员工在批评后，虽然会难为情，但他们的自尊心不会受到伤害。也正是因为如此，武藏野的员工，**即使被批评了，也不会闷闷不乐**。

批评时针对"人"的社长，有时会在私底下偷偷批评——因为他觉得"不可让其出丑"。这样做，也不好。**在"人前"批评，才是正确的做法。**

让全体知道"为什么小 A 会被批评""哪里做错了"，可以让员工们引以为戒。而且，如果在大家的面前批评，看的人都会在心中暗自高兴。如果对象是人事部成员，大家更是如此。毕竟"他人的不幸甜如蜜"。

我们应开展"形式"的教育

做环境整理工作，不是统一物品的朝向、决定物品的摆放场所，就是舍弃物品、将物品擦干净，我们整顿的都是"眼睛看得见的东西"，始终注重的是"形式"。因此，**只要致力于环境整理工作，就会在批评时只针对"事情"。**

在决定 1 ~ 10 的摆放顺序后，如果有员工将"必须放在 5 号位置的东西"放在"8 号位置"上，就可以批评说："不可以放在 8 号位置上。"在批评时，没有必要针对"人"。

在"表扬"的时候，我们也应注重"形式"。

武藏野有将感谢用"感谢卡"这种具体的形式表现出来的机制。

这种卡片，通常被公司及领导用来表示他们对员工的感谢之情。比如"在这次活动中，顾客当着某某的面说了表扬的话，谢谢你这么用心工作""谢谢某某在新人心情低落的时候，带他去食堂吃饭"，等等。

将感谢用具体的形式表现出来，是经营者（领导）的义务。

我始终坚持贯彻"形式的教育"，从不开展"内心的教育"。因为"我无法衡量内心的成长"。

假设误将威士忌当作啤酒的小 A 的用心程度是"5"。为了让小 A 的用心程度变为"10"，我对她进行了一番教育。接下来的问题是，我如何判断小 A 的用心程度已达到"10"？

我们可以用尺子测量物品的长度，用天平测量物品的重量，但世上并没有什么工具可以测量人的用心程度。

很多公司之所以无法顺利开展员工的教育活动，就是因为他们注重的是"内心的教育"，而不是"形式的教育"。当然，社长必须培育员工的"内心"。毕竟只有上下一心，公司才能变强。那么，如何做才能使全体上下一心呢？

答案是：**统一形式。**

始终让形式保持一致，员工的心就会慢慢变齐。

如果"**全体员工都能将规定的物品放在规定的位置**"，这便意味着，全体已上下一心。

环境整理的精髓

笔的朝向不一致，并不会影响工作。尽管如此，我还是要反复调整笔的朝向，让形式始终保持一致。

很多社长都认为："如果不改变内心，形式就不会发生变化。"这种想法并不正确。实际是形式在先，内心在后——与上述想法恰恰相反。因为"改变可以从形式直达内心"。

世上没有比人心更容易变化的东西。因此，我们必须注重"形式"——不能改变行为的教育，终究没有意义。

如果我们在婚礼上穿上晚宴服或婚纱，无论谁，内心都会发生改变吧！为什么内心会发生改变呢？因为外观（形式）已发生改变。在自己的外观发生改变后，内心自然会发生改变。

如果我们穿的是黑色的衣服，系的是白色的领带，我们会喜不自禁。反之，如果穿的是黑色的衣服，系的是黑色的领带，我们的神情就会变得严肃。

如果在我们去歌舞厅后，漂亮的陪酒女郎来到我们的身边，我们会很开心。看到漂亮程度不同的女孩，我们的开心程度也会相应地发生变化。换言之，人的心情随外观发生变化。

只要我们注重形式，即使不开展内心的教育，内心也会自动发生改变。

如果将物品放在规定的位置，心就能变齐。这是环境整理的精髓。

OJT（On-the-Job Training）[①]，在出成果前，需要一定的时间。

而环境整理是越实践越能看到成果。

我一直坚信，**想要锻炼人、让组织变强，除了开展环境整理工作外，别无他法。**

---

① OJT 的意思是"岗位培训"。——译者注

环境整理的精髓

▶形式在先，内心在后。

（改变可以从形式直达内心）

▶只要我们注重形式，

即使不开展内心的教育，内心也会自动发生改变。

▶批评时不可针对"人"，

可以针对"形式"和"事情（工作）"。

▶环境整理的精髓是，

如果将物品放在规定的位置，心就能变齐。

▶想要锻炼人、让组织变强，

除了开展环境整理工作外，别无他法！

服务应"统一化"的理由

通过反复开展环境整理工作，全体员工就能持有"相同的技能"和"相同的想法"。在这之后，我们就能实现"服务的统一化"。

如果打开武藏野的干部员工和老员工的大脑，一定能看到相同的东西。唯一不同的是声音输出装置。

在服务业的全盛时代，**全体员工**——无论是全职员工，还是兼职员工——**能否提供相同的服务**，至关重要。

如果能彻底实现"无论何时，无论谁向哪位顾客卖什么，都能以相同的方式提供相同的服务"这一点，就不会动摇顾客对公司的信心。

再次强调一下：对服务业而言，最重要的是，**服务的"统一化"，而非服务的"提高"**。

假设"技能水平为 10"的小 B 拜访了由"技能水平为 3"的小 A 负责的顾客。于是，顾客的满意度提升了。因为小 B 接待顾客比小 A 更仔细。

那么，如果负责人再由小 B 换回小 A，这位顾客会怎么想？

他是否会想"只是回到了之前的水平，就这样吧"？答案是否定的。

顾客一旦知道什么样的服务是"上等服务"，就不可能接受"下等服务"。如果再让小 A 接待他，他就会产生"被轻视"的感觉，从而积累不满的情绪。

接下来，你或许会想："只要让全体的技能水平提升到 10，就能避免这个问题。"但这并不现实。

员工人数少的公司，或许可以做到。但武藏野有 180 名员工。如果我要求全体员工将技能水平提升到 10，最终无法做到的员工就会主动请辞。

既然如此，让服务"统一化"，才是上策。**我的目标是，让全体员工的技能水平都达到 5。**

让"技能水平为 3"的员工达到"10"，很难。但让他们达到"5"，并不难。而"技能水平为 10"的员工，可以让他们将技能水平减为"5"，或者让他们负责必须用"技能水平为10"的技能才能完成的高难度工作。

或许有的兼职员工会抱怨说："为什么不是正式员工的我，要做与正式员工一样的工作？"这么想的人，只站在了自己的立场上考虑问题，并没有考虑顾客是否方便。假设你和你的家人去家庭餐厅吃汉堡，而汉堡只上了"一半"。在这个时候，你会说什么？

将汉堡送上餐桌的店员，无论是兼职员工，还是正式员工，你应该都会说"好奇怪"吧！你肯定不会这么想："因为送餐的是兼职员工，所以上一半就上一半吧！"

对于顾客而言，服务好坏与对方是兼职员工还是正式员工没有关系。他们认为，无论谁都是"这个公司的员工"。

既然支付的是相同的费用，无论由谁负责，顾客都会提出相同的要求——这是理所当然的。

提升兼职员工的战斗力的方法

在中小企业，非正规雇用的员工比正式员工多，并不是件稀奇的事。

在武藏野的"经营计划书"中，也写有"与兼职员工有关的方针"。这是为了通过明确兼职员工的地位和待遇，提升他们的劳动欲望和忠诚度。

在我们公司，即使是兼职员工，我也是按照职务内容、工作时间段、职责等，支付相应的薪酬。我并没有按照"每小时多少日元"给所有兼职员工支付相同的薪酬。我认为，让从事难度高、专业性强的工作的兼职员工和从事简单的辅助性工作的兼职员工存在工资差别，才是正确的做法。

此外，我还将分数制引入奖赏评价体系中，让兼职员工存在奖赏差别。奖赏评价的最高分数是 10 分，其明细如下：

◎5 分……领导的评价

◎3 分……方针共同点（根据早晨学习会和公司内部参观学习会等的参加情况打分）

◎2 分……环境整理工作的评价分数

在明确与兼职员工有关的方针后，我们公司的价值观也深深地渗透到了非正规雇用者的心中。

当兼职员工的工作积极性得到提升后，正式员工就无法随便工作。如果正式员工在环境整理工作中偷懒，兼职员工可能就会批评他们说："你们做成这样，是不是应该增加我们的奖金呢？"（在武藏野，我们也给兼职员工发奖金）

在明确兼职员工的雇用条件后，武藏野的"Merry Maids 部门"（提供房子清扫服务的部门）的销售额，**比上一年度增加了 17%**。由此可以看出，兼职员工早已不是雇用的调节阀。在中小企业，**兼职员工的积极性提升幅度，与业绩增长成正比例。**

为何在社长发表"解雇宣言"后，大家都泪流满面

Logix Service 有 160 名员工。其中，只有 40 名是正式员工。其他全是兼职员工。

他们的早会以兼职员工为中心按岗位举办。由于东北各地都设有办事处，社长并无法一一前去检查，所以菊池正则社长规定他们**必须拍下早会情况，并上传到 YouTube**[①]。

菊池社长相信人，但不相信"工作"。Logix Service 在东日本大地震中，蒙受了不小的损失。在地震后，菊池社长不得不决定撤退一部分事业，解雇 50 名兼职员工。

在即将举办送别会之前，我对菊池社长说："虽说解雇是震灾造成的，但你也有责任。因此，我建议你将玫瑰花作为礼物送给这 50 名兼职员工，以表达你对他们的感谢之情。"

菊池社长按照我的提议做了。但是，不光菊池社长准备了花，兼职员工也准备了花，并感动地说："社长，谢谢您一直以来的照顾。"

据说当时无论是菊池社长，还是兼职员工，凡是在场人员，都哭了。在痛苦抉择之后决定解雇兼职员工的社长，放弃"还想在这儿工作"的想法、体谅社长的难处的兼职员工，都流下了感谢的泪水。

菊池社长从未将兼职员工视为"挣零用钱的主妇"。他将她们视为重要的作战力量和伙伴。正因为如此，Logix Service 对兼职员工而言，是一个颇有魅力的工作单位。

---

① YouTube 是世界上最大的视频网站。——译者注

关通也是一家擅长提升兼职员工的战斗力的企业。关通不仅设有"内定者兼职培训"，还规定"内定者在进入公司前必须在关通的现场劳动过"。在进入公司前，如果没有满足规定的"劳动天数"，每天的工作量没有超过规定的劳动份额，即使是内定者，也无法进入公司。

他们举办这个培训，除为了"让内定者作为现有战斗力工作"外，还为了"**创造内定者与兼职员工互相接触的机会**"。如此一来，就能缩短正式员工与兼职员工的距离，待内定者正式进公司后，就能马上让他们建立起良好的沟通关系。

M'S YOU 的松田高志社长，一直积极地雇用"女兼职员工"和单身妈妈。

松田社长曾笑着说："在现场与顾客接触最多的是兼职员工们。我要是顾客，比起冷酷的男服务员，更喜欢女服务员。因此，我曾和店长说，'不要录取男人。'虽然说这句话时，我是用半开玩笑的语气，但确实女人比男人做得更好。我不仅为兼职员工准备官职，还给他们发家属津贴、放带薪假。"

在 M'S YOU，兼职员工也参加参观各店铺的"参观学习活动"。让兼职员工学习其他店铺的工作方法，有助于改善店铺的经营现状。

此外，松田社长还积极雇用当地人，一直将"雇用 1000 人"视为目标。

让员工向顾客大声打招呼的最简单方法

大部分人都认为"礼仪"和"秩序"是"内心的真实反映"。这是**错误**的想法。无论是礼仪还是秩序，都不是"内心"的体现。它们只是一种**"形式"**。

我举个浅显易懂的例子：

小 A 边抱着胳膊、将脸朝向别的方向、把腿放在桌子上，边用心说："谢谢。"

小 B 在说完"谢谢"后，边行 45 度鞠躬礼（最敬礼），边在心里说"笨蛋"。

小 A 和小 B，哪个看起来更用心？是小 B 吧！

如果年终礼品有经过精心包装、从百货店送来的啤酒和装在便利店的塑料袋里的啤酒，你收到哪个更开心？是百货店的啤酒吧！

虽然里面装的啤酒是一样的，但我们在收到百货店的啤酒时，会更开心。这是为什么呢？因为"形式（外观）"不一样。

初次参加武藏野的"现场参观学习会"的人，都会表扬我们说："武藏野的员工，都用既充满朝气又响亮的声音和我打招呼。"

最开始时，原先是飞车党成员、小流氓的员工，并无法遵守普通人应遵守的礼仪和规矩。那么，为什么这些员工现在能作为管理者指导兼职员工如何向人打招呼呢？

因为**"如果向顾客打招呼，就能得到相应的报酬"**。他们每向一位顾客打招呼，就能得到 100 日元。如果来了 50 位顾客，就能得到 5000 日元（该报酬由公司发放）。

能得到 5000 日元，人自然会笑容满面地接待顾客，对吧？因为他们**将顾客视为钱**，所以无论是正式员工，还是兼职员工，都能用充满朝气的声音向顾客打招呼。

但是，顾客看不见这些员工的"内心世界"。他们永远想不到这些人大声问好是为了得到钱。因此，当看到以端正的站姿大声说"欢迎光临"的武藏野员工时，他们会很感动。

他们在打招呼的时候，需要暂停手上的工作。在月末最忙碌的时候，如果顾客总是接连不断地光临，普通公司的兼职员工可能就会生气地说："在这么忙的时候，怎么总来人？"

但是，我们公司的兼职员工不会生气。为什么呢？因为他们**付出爱就能得到钱**。每次顾客光临，都会有相应数额的报酬进入腰包。这份报酬，可以作为联欢会的费用。因此，大家都会开心地向顾客打招呼。

在"环境整理检查表"上，我们也设有"在巡视时，是否会打招呼（要求全体同时起立并大声问好）"这一检查项目。如果该项被评为"×"，总分就会下降，进而影响奖金。因此，在检查人员巡视的时候，无论是正式员工还是兼职员工，都会出声打招呼。

礼仪是一种"形式"。即使最初员工行礼是为了"100 日元"，也没有关系。只要他们一直坚持重视"形式"，"内心"自然会跟上行动的脚步。

在他们牢牢记住"礼仪"这种形式后，无论他们的动机多么不纯，他们都能以一颗真诚的心接待顾客。

如果能遵守"整理、整顿、清洁"（对象是眼睛看得见的东西、有外形的东西）这三项要求，员工们就能遵守"礼仪"。

银行职员当场决定为我们融资两亿日元的原因

所谓"纪律"，即"**遵守整理、整顿、清洁这三项要求，执行已规定好的事**"。

如果规定"这个扳手放在 3 号位置"，就必须把它放在 3 号位置。这是纪律。"有纪律"，并不是内心的体现。它只是一种形式。

在武藏野的"经营计划书"中，清楚地记载着"将凡事在 3 分钟前集合作为行动的基本要求"这项纪律。

我们每年举办两次（分别于上半年5月、下半年11月举行）有500多人参加的"政策学习会"——参加人员有兼职员工、正式员工、商业伙伴。有一天，参加过这个学习会的银行融资负责人，对我说："**在世界上，竟然有这样的公司啊！我觉得，即使满世界寻找，也找不到第二家。**"

在离开会还有 3 分钟的时候，全体都已入座。在入座后，全体用整齐的声音跟着相关负责人大声喊经营理念。银行融资负责人在看完这一幕后，因为武藏野的"纪律"所震惊而决定无担保借出**两亿日元（长达 5 年的借款期）**——因为他觉得"这样的公司值得信赖"。

正如我在"前言"中所说，武藏野的员工之所以在旅行中即使大吵大嚷，也能按时开始宴会、按时结束宴会，是因为"宴会何时开始、有什么样的余兴节目、谁做什么、坐在哪里"等一切的一切，都已事先被"**整顿**"好。

因为已经被整顿好，所以全体都能遵守纪律。

在姓氏后加上"桑"而得到的意外效果

在称呼别人的时候应**在姓氏后加上"桑"**①，也是我们公司的纪律之一。

无论对方的入社年数是多是少、资历是深是浅，我们在称呼时，都在姓氏后加"桑"。普通员工和兼职员工在称呼我时，就叫我"小山桑"。我在称呼他们时，也不会光叫姓——比如对方姓"山崎"，我会称他为"山崎桑"。

我规定全体员工在称呼公司成员时都要在姓氏后加上"桑"，是在我参加 GE（General Electric Company）举办的工作流程研讨会之后。

因为当时周围人都称主培训师为"H 桑"，所以起初我还以为他只是一名普通员工。等到交换名片的时候，我才发现 H 在 GE 的联营公司中排行第三。对这种称呼法产生兴趣的我，第二天就在武藏野践行此法。

在姓氏后加"桑"，即使员工被"降职"，也无需担心——称在昨天之前还称之为"某某部长"的人为"某某科长"，毕竟是一件困难的事。而且，在已退休的员工或因结婚而辞职的员工来公司玩的时候，如果在其姓氏后加上"桑"，也更容易叫出口。

此外，**如果在姓氏后加"桑"，待人因"职责"而异的现象便会消失。**

我们不能说当部长的人就了不起，而身为普通员工的人就平凡。

---

① 桑是"さん"的音译，相当于汉语里的先生小姐的意思。——译者注

如果非得说部长比普通员工了不起，那也是因为他从事的是生产率高的工作，而不是因为他比别人高贵。

在**"了不起的是工作本身，而不是职责"**这种意识浸透到公司内部后，摆官架子的员工就逐渐减少了。

为什么当只有社长学习时，愚蠢的员工就会增多

无论我们怎么学习，也只是将知识装入脑中而已，谈不上"真正的理解"。可以说，学习只是我们"记忆"知识的过程。

所谓"理解"，即通过亲身感受、亲自体验，将知识、学问或技术学到手。很多人认为"经营理念就是公司的文化"的社长，都将经营理念（公司方针、公司规则）张贴在墙上。张贴经营理念本身并不是件坏事。

但是，并不是你将经营理念张贴在墙上，公司的文化就会在员工的心中扎下根。经营理念中的公司方针、公司规则，花一分钟就能写成，但公司的文化不是花一分钟就能形成的。

公司的文化，只有在员工实践、体验并理解社长制定的方针后，才能逐渐形成。我们读教如何骑自行车的书，我们能将自行车的骑法作为知识记在脑中。但是，光读书，不实践，我们无法真正学会骑车。只有让自己骑上自行车，并在反复摔倒后，才能逐渐学会。**我将"用身体记住相关知识或技能的过程"称为"理解的过程"。**

想要理解，就必须亲自体验。因此，大家需要记住：光社长一个人体验，公司并不会变好。

不景气的公司，一般都是社长自己学习而不催促员工学习的公司。因为社长光进行自我教育，不开展员工教育，所以员工和社长拉开了距离。

只让自己学习的社长会说："我们公司的员工都很愚蠢。"这种说法并不对。因为**"愚蠢的员工"是社长本人一手培养出来的**，他们并非天生愚笨。很多社长都没有意识到这一点。

如果社长和员工没有在同一时间、同一场所一起工作、学习，"价值观"就很难达成一致。

社长不可光在口头上告诉员工"那个拐角处的烟草店的姐姐很漂亮"，而应与员工一起去烟草店，让他们确认她是否真的很漂亮。

或许员工会摇着头说："社长，我不这么认为。"但是，在一起确认这个女孩是否漂亮后，社长和员工就能互相调整自己的价值观。

过去，在武藏野工作的尽是一些没用的员工，而我也曾是没用的社长。但是，后来我一直与员工在同一时间、同一场所一起学习。因此，我与员工没有拉开差距，一直**以相同的速度成长**。

在员工培训上花"1亿日元"

岛袋，是一家在冲绳县批售建筑小五金及工具的公司。岛袋通过开展环境整理工作，**将库存从12亿日元减少到了7亿日元**。将**库存减少**40%之后，利息负担也随之减少。于是，有了多余资金的岛袋盛市郎社长（41 岁），开始投资教育培训。

岛袋社长将他们公司"最不会工作的员工"送到了武藏野的培训班中。出人意料的是，该员工获得了重生。

在那之后，岛袋的全体员工都接受武藏野的培训。他们每次都要从冲绳县赶到武藏野接受培训，所以除了培训费外，他们还要花很多交通费。我估计，岛袋**在员工培训上花的钱已超过 1 亿日元**。

尽管花销不菲，岛袋社长却认为："如果员工能因此而发生改变，就不算贵。"舍弃库存，用多余的钱投资教育。如此一来，就能让社长与员工的价值观达成一致，让公司变成坚不可摧的公司。在岛袋，从来没有人主动辞职。因为岛袋社长与员工不仅共同拥有"武藏野"（环境整理）这个教材，还**一起成长**。

经营化妆品和健康食品的 Dr. Recella，是一家通过统一员工的价值观使组织变强的公司。Dr. Recella 之所以能不断发展，是因为奥迫哲也社长（50 岁）在新毕业生的录用上十分积极。多年前，他刚宣布"从今天开始整顿环境"，就遭到了很多老员工的反对。因为老员工们觉得："现在才开始，太麻烦了！"实际上，在 Dr. Recella，已有 **30% 的老员工**因这个原因辞职走人。

但是，新毕业生就不同了，他们在进公司前就知道"这家公司需要整顿环境"。因此，他们比老员工更容易接受环境整理工作。

之所以在有 30% 员工辞职的情况下，业务依然开展得很顺利，是因为奥迫社长早就以新毕业生为中心彻底开展环境整理工作。

Dr. Recella 在名为"光环之泉"（朝日系电视节目）的节目中打广告的那天，恰好是我与奥迪社长会面的日子。广告的反响很大。但 Dr. Recella 的员工们并不知道反响大意味着什么。

于是，我对奥迪社长说："请将所有在公司的干部员工召集到我跟前。"在他们到齐后，我对干部员工提议道："在广告播出后，电话会如同火山喷火般纷纷打来。试用品的订单也会纷至沓来。因此，我觉得应该改变接电话的制度。如果不改变，最终将花开无果。"听完我的提议后，员工们便马上开始应对即将出现的情况。

他们之所以能以如此之快的速度应对这突如其来的变化，是**因为员工们已通过开展环境整理工作统一步调。**

让员工与公司有一体感的好处

一旦通过开展环境整理工作，建立起员工和公司的一体感，越过岗位和部门的"栅栏"，**全体上下一起努力的公司风气**便能形成。

服装公司 Lovely Queen，是一家连女制作者也致力于销售工作的公司（他们的设计师和打版师也参加武藏野的"销售培训"。武藏野的"销售培训"非常严格，但他们都经受住了考验）。

在东日本大地震发生后，Lovely Queen 的业绩开始下滑。但是，在员工与公司间建立起来的一体感，已是公司文化的一部分。在服装制作者也加入到销售者的队伍中，在店铺间来回奔走后，Lovely Queen **在 2011 年 6 月的结算中，取得了史上最高收益。**

服装制作者并没有因为"我的工作是制作服装，不是卖服装"而坚持只干本职工作，他们中的每个人都为了公司而竭尽全力。之所以**连不是销售员的员工，都竭尽全力做销售**，是因为"员工与公司已建立起一体感"。

汽车销售公司**松尾 Motors**，也是一家拥有一体感的公司。

2014 年 1 月，松尾 Motors 创下了 **1 个月销售 300 辆汽车**的新纪录。按照单月销售辆数，松尾 Motors 或许可以排进日本的前十吧！他们之所以能在 1 个月内创下这么高的记录，是因为他们**"事先已定好这个月不做什么"**（相当于环境整理中的"整理"）。

他们制定的战略是，在 1 月份的前 5 个营业日，不提供换油、车检等服务，让机修工也去接待客人。也就是说，他们让一直在幕后工作的员工到展示厅工作（由于这属于人员的调整，所以这也是"整顿"的一种）。

他们之所以让机修工也去接待客人，是因为他们和 Lovely Queen 的员工一样，都接受了武藏野的"销售培训"。

销售员卖车，顾客都会还价。而**机修工卖车，顾客都按定价购买**。因为机修工可以提供附加价值。也就是说，因为机修工可以为顾客提供关于车的详细建议，而顾客一听到详细的建议，就会很开心，所以车可以按定价卖出。

普通机修工的工作是修车、检查车。而松尾 Motors 的机修工的工作是**"让顾客开心"**。

本章小结：环境整理的 8 大优点

1.想要锻炼人、掌控组织，除了让全体成为开展"清晨扫除活动"（环境整理活动）外，别无他法。

2.所谓"头脑聪明的人"，即"拥有优秀的感性思维和精准的判断力的人"。只要你多多留心周围的事物，你就能不断磨练你的感性思维，不断让你的感性思维绽放光芒。环境整理才是磨练感性思维的最佳训练方法。

3.所谓公司所需要的人才，即能如实贯彻公司（社长）的方针的人。正因为做过自己讨厌的事、不想做的事，人才能变得温顺。

4.环境整理有 7 大优点：①让员工与社长的价值观达成一致；②让"必须做的工作"一目了然；③让弱小的公司拥有强有力的武器；④让徒劳无用的加班减少至零；⑤让女兼职员工、合同制员工成为最强大的战斗力；⑥让库存大幅度减少，显著改善资金周转状况；⑦让公司内部变得干净，让员工获得快速成长。

5.在武藏野，我们始终注重"形式"。我在批评时从不针对人，只针对"形式"和"事情（工作）"。形式在先，内心在后。改变可以从形式直达内心。

6.如果将物品放在规定的位置，心就能变齐。这是环境整理的精髓。环境整理是越实践越能看到成果。

7.公司的文化，只有在员工实践、体验并理解社长制定的方针后，才能逐渐形成。

8. 只让自己学习的社长，会培养出"愚蠢的员工"。如果社长和员工没有在同一时间、同一场所一起工作、学习，"价值观"就很难达成一致。

第 4 章

让讨厌工作的员工充满干劲的方法

业绩不佳的公司与业绩不错的公司的区别

1991 年，在武藏野，每人每年需花 300 小时参加员工培训活动。虽然员工们对此都持反对意见，但当时的很多员工，如今都已成为公司的干部。

因为当年公司里没有主动学习、值得称赞的员工，所以我强迫他们学习。虽然现在已把学习时间减少一半，但还得我强迫他们学习。

无论是把"经营计划书"交给他们，还是下发《增补改订版工作能人的心得》，从没有人主动带头读过。

20 年前，我们曾在箱根开展培训活动。原定待培训结束后，全体人员坐特快列车回公司。但最后我决定让成绩最差的两名员工坐"普通列车"回去（我暂时保管当事人的现金，让他们没有钱买特快票）。我常常以这种方式强制他们学习。

一提到"强制执行"，有的社长就会因"这么做不人道"或"员工可能会抱怨"而犹豫不决。

在做"有益于个人和社会的事情"时，为什么要犹豫呢？

强制员工学习的公司，业绩都很好。反之，给员工过多自由的公司，业绩都不好。这是我在指导过 500 多家公司后的切身感受。

"坏事"，不用教也会做。而"好事"，从来不主动做。这是员工的真实一面。因此，社长必须强制他们做"好事"。

开展员工培训的预算，是"1 年 1 亿日元"。

用"钱"激发干劲，才是正确的做法

无论我怎么鼓劲加油，武藏野的员工都是一副无动于衷的样子。即使我对他们说"这项工作对你很重要，快做吧"，他们也只会回一句"好的"。那么，如何做才能让员工努力工作呢？

我的答案是，可以用"钱"激发他们的干劲。可以对员工说："如果你做了这项工作，我奖你 1000 日元，快做吧！"

"如果你不做这项工作，你的奖金就会变少。如果你不想这样，就快做吧！"

对员工而言，付出爱就能得到钱。我甚至可以冒着被误解的风险说：**员工的干劲由"钱"决定。**

"其实不想做，但为了得到 1000 日元，我忍了。"这是绝大多数人的心理。

如果在公司内部推行员工培训的义务化，员工就要为此腾出时间。所以，给予一定报酬也是理所当然的事。而且，也正因为会给予一定报酬，所以社长可以强制大家参加。

如果员工的素质因此而有所提升，公司的利润也有所增加，将这笔培训费用作为投资成本，也不是件坏事。如果总是花钱托猎头公司雇用员工，就应该从中匀出一部分，将它作为培育人才的费用。

让"环境整理检查"的分数与评价挂钩

在武藏野，"环境整理检查的分数"（关于"环境整理检查"

的具体内容，后面会详细讲述），与奖金直接挂钩（员工以及兼职员工都是如此）。检查结果不同，奖金数额也会有明显的区别。

分数被反映在**"部门全体人员的人事评价"**中。迄今为止，因环境整理检查的分数不高而没有获得 A 评价的人，或因获得 C 评价、D 评价而被调动的员工，数不胜数。

简单地说（省去复杂的计算），获得 C 评价的人和与获得 A 评价的人相比，奖金有一倍之差。

此外，环境整理检查的分数与**"部门全体人员"**有关。如果有不参与环境整理工作的员工，周围人便会督促他。因为如果该员工不整顿环境，自己的奖金就会减少。

前面我也曾提到，环境整理检查以"120 分"为满分。如果三次的总分达到"350 分"以上，我会**给该部门的全体人员发餐饮券**（相当于每人 2000 日元）。

如果有部门取得了 345 分，他们可以借助"败者复活制度"复活。"败者复活制度"是这样的一种机制：只差 5 分的部门，可以通过申请做并做到"平常没有做到的事"获取 5 分败者复活分。

无论是销售石油液化气的公司 Toseki，还是 Lovely Queen，都通过让努力与奖金挂钩建立起了透明度很高的评价体系。如果将评价公开化，还可以消除员工的不满情绪。

只要开展环境整理工作，就一定会有人辞职

只要强制员工致力于环境整理工作，就一定会有人辞职。

为什么一定会有人辞职呢？其理由有两个。

①与社长价值观不同

员工常常以"现在才开始开展扫除活动，"我做不到""太麻烦了""无法跟着认为'只要扫除，业绩就会提升'的社长走"等为理由辞职。"内部沟通较好的公司"的员工，通常不会辞职。

虽然扫除是"谁都能做的简单工作"，但正因为它如此简单，当有人"做不到"时，更能突显出工作的差别。

据说**关通**一开始整顿环境，就有"3位高薪者辞职"。关于辞职的理由，达城社长叙述如下：

"他们并没有持反抗的态度，说'我无法做这种工作'等话。不过，我觉得他们辞职是因为他们意识到'**自己的能力有多么不足**'。因为和刚从大学毕业的员工相比，他们很不擅长打扫厕所。"

②在业绩上升后，员工变得忙碌

公司的业绩一上升，就会有人辞职。这是为什么呢？因为员工们想"尽量从事一份轻松的高薪工作"。

在出现赤字的公司，员工们因没有工作可做，都可以轻松地待着。而一旦业绩变好了，随着工作的增多，他们就会变得很忙碌。于是，想从事一份轻松的高薪工作的员工，就会因跟不上忙碌的工作节奏而辞职。

在我刚当社长时，在武藏野工作的员工，如今只剩下 5 个。他们选择离开就是因为"工作不再轻松"。

很多社长都认为："在员工培训上花了很多钱，如果有人辞职了，我就亏了。"其实并非如此。特别是以①和②为理由辞职的员工，更没必要挽留。

因员工辞职而觉得"受损"的这种想法，只不过是一种主观感受。如果像关通那样有薪酬高的员工辞职，反而能压缩人事费。

此外，还有一个优点：在此之后进来的新员工不会产生不满情绪。因为他们是在被告知"忙碌是理所当然的事，做环境整理工作是理所当然的事"的前提下进的公司。

假设出现赤字时，公司的水平是"2"，在这家公司轻松工作的小 A，他的水平也是"2"。

在开展环境整理工作后，随着业绩的上升，公司的水平上升到了"3""4"或者更高。当公司的水平上升至"4"时，小 A 因"讨厌忙碌的工作状态"而辞职了。

在小 A 走后进来的新员工小 B，是能适应水平 4 的人。如此一来，公司花很少的钱便能雇用比小 A 水平高的小 B。换言之，小 A 的离职，**对公司而言，是件好事**。

过去，武藏野的部长们，在工作期间花着公司的钱教员工如何使用 Excel 表。而现在的新员工，部长们完全没有必要从基础开始教起，因为他们从学生时代开始便常常使用 Excel 表。换言之，新员工从一开始就水平高。

不要挽留说"我要辞职"的人

Toseki 株式会社，与其他公司一样，刚开始开展环境整理工作不久，便有很多员工同时辞职。

柳慎太郎社长曾说："他们辞职可能是因为他们意识到公司正在发生变化，而他们讨厌无法像以前那样工作吧！在整顿环境半年后，就不断有人辞职。"

人是习惯性动物，讨厌变化。因此，一旦养成某个习惯，就不会轻易放弃。毕竟这样自己会活得更轻松一些。

柳社长认为："即使有很多人辞职，我也不着急。我一直认为，无法遵循公司方针的人辞职，是公司会越来越好的征兆。"

Dr. Recella 在刚开始整顿环境时，也有多达 **30% 的员工**辞职。奥迫社长曾告诉我："刚引入'让环境整理的评价与奖金挂钩'等武藏野式管理法，就陆续有员工辞职。我觉得这是因为过去只需负责销售额的老销售员，在听闻以后还需整顿环境后，就待不下去了。"

在员工陆续辞职后，**Toseki** 的柳社长和 **Dr. Recella** 的奥迫社长，都开始积极录用新毕业生。因此，他们甚至觉得老员工辞职也是一个好机会。

特别是在像 Toseki 公司这种事业继承自上一代的公司（柳社长是第 3 代），那些由上一代社长录用的老员工更讨厌"新做法"。

而新毕业生就不同了。因为是"亲自录用"，所以最开始时便可以选择"与自己价值观一致的人"。如果坚持前社长的做法的老员工陆续辞职，而赞同现任社长的做法的新员工不断增多，就能加速公司的改革。

园部，是一家在福岛县内经营两家荞麦面酒馆的公司。为了吸引顾客，一直致力于环境整理工作的他们，曾将榻榻米式座席改为餐桌式座席、整理过多的菜谱。

此外，他们还规定了物品的摆放场所，不遗余力地整顿后院和厨房。

但是，园部也有干部辞职。**在 8 名员工中，总共有包含两名店长在内的 4 名员工辞职。换言之，两家店铺的店长都走了。**

尽管如此，园部幸平社长（56 岁）还是坚持开展环境整理工作。

园部社长曾告诉我："4 名员工刚辞职那会儿，确实有些吃不消。庆幸的是，余下 4 名员工的价值观一直保持一致状态，兼职员工也很努力地工作。由于老员工辞职的缘故，我们最终提升了下决断和行动的速度。"

如果因为"老员工很优秀""想让老员工一直留在公司"而纵容他们或特别照顾他们，无论什么时候，他们都不会彻底执行社长的方针。这样的人不是公司需要的人——公司需要的是"如实贯彻社长的方针的员工"。

"社长下决定，员工负责实施"，是经营公司的大前提。

不挽留前来辞职的人，是基本做法。如果是工作时间不长的员工前来辞职，可以听听他们怎么说——因为他们并不十分了解实际情况。但如果是工作时间长达 5 年以上的员工说"要辞职"，就快点送走吧！**重要的是剩下的员工。**

公司的业绩一上升，无能的员工就会前来辞职。而公司的业绩

一下降，有干劲的员工就会前来辞职——想留下的员工会继续
待着。换言之，对于公司而言，不同时期都有人辞职，是正常
的现象。

让"扫除"变成"环境整理"的某个重大事件

这是在武藏野开展环境整理工作半年后发生的事情。

有一天，我去位于长野县的**平林株式会社**参观学习（开展标杆
学习）。我的目的是想见识一下致力于环境整理工作的平林直树社
长的实力。

其实，认为"他们公司和我们公司一样都是中小企业，经营状
况应该很相似"的我，并没有把他们公司放在眼里。而且，我也有
"是我改变了那个落后集团"的自负心理。

然而，在实际拜访后，我为我的肤浅和傲慢感到了羞愧。看到
水平那么高的环境整理方式，我都不知道说什么好。最让我惊讶的
是，平林是制造行业的公司，可在我摸完加工器械后，不仅手一点
儿都不脏，衬衫也没有沾上油——平林作为代表日本的高新技术企
业，在业界拥有"平林的产品无需检查"的至高评价。

"彻底开展环境整理工作，更安全。正因为安全，才能生产出
高品质的产品。"这么想的平林社长，每天都花 1 小时整顿环境。

我想："武藏野就是在过家家儿。**如果不能像平林社长一样将
环境整顿工作开展到被第三者认为'不寻常'的程度，就不能说'我
正在整顿环境'。**"

以这次标杆学习为契机，武藏野的环境整理法发生了改变。

按规定，参观完平林的第二天，我应去巴西出差大约3周——为了考察海外。但是，在平林看到的那一幕幕一直在我的脑中挥之不去，我的心一直牵挂着环境整理工作。如果要用几个词来形容我当时的心情，便是：坐立不安、心神不定、跃跃欲试、急不可待……

虽然第二天早上，我去了成田机场，但在快要登机前，我向研讨会主办者提出了"请允许我取消此行"的申请。我对他撒谎说："公司发生了很大的投诉事件，我必须马上赶回去。"

因为该申请是在出发当天提出的，所以研讨会费用——90万日元——必须全额支付。虽然如果真的取消，连1分钱都不会返回来，但我依然冲动了一把。

我心想："我不能离开公司长达3周，我必须从今天开始重新研究如何整顿环境！"我在成田机场向下属发出"晚上7点，全体干部员工在公司集合"的指示后，火速回到了公司。

连身为社长的我都误以为"我们公司的环境整理水平很高"，所以员工认为"不用再多做什么了吧"或"不是已取得很不错的成绩吗"，也是理所当然的事。不过，很快他们就发现我是认真的。

在快要登机前，我以舍弃90万日元为代价赶回公司，只是为了做环境整理工作。

那天，员工的想法应该是"情况不妙，他是认真的"。也就是从这个时候开始，武藏野才真正实现了**"从扫除到环境整理"**的改变。

社长的认真劲儿可以打动讨厌工作的员工

小田岛组，是一家承包公共工程和各种民间工程的土木建筑公司。

看到有的公司在开展扫除工作后业绩有上升的趋势，小田岛社长就在心里想："如果只要打扫卫生就能提升业绩，那没有比这更轻松的事了。"于是，他便开始看样学样，开始打扫卫生。

但是，据说员工都摆出一副冷脸，**半年内，谁都没有给他帮忙**。

小田岛社长说："一直都是我一个人擦窗户。因为谁都没有帮我，所以有一天我就舍下老脸，问他们，'你们看到我一个人擦窗户，不觉得很可怜吗？'在那之后，他们才逐渐开始帮我！"

起初小田岛组的员工没有干劲，是因为小田岛社长没有让他们看到他的认真劲儿。

小田岛社长笑着说："在小山社长帮我之前，我接手的新项目，大部分都以失败告终。员工们或许会想'虽然社长又开始做什么了，但总归是不会持续太久的'。我自己本人也觉得自己并不认真。因为我总是一个劲儿地和小山社长发牢骚。"

4 年后，小田岛组出现了 **5000 万日元的赤字**。于是，小田岛社长开始"认真"了。

小田岛社长说："当时，在与员工喝酒和与其他公司的社长喝酒之间，我都会优先选择后者。现在我以每年与员工喝酒 80 次的方式加强公司内部的沟通。"

在社长的认真劲儿传染给员工后，环境整理意识才开始在小田岛组慢慢扎下根。

环境整理的效果，在他们的施工现场体现得尤其明显。

小田岛社长说："在施工现场，顾客（岩手县）为我们打分。如果分数超过90分，就意味着我们获得了很高的评价。当时，小田岛组的员工得到了'98分'。这在同业界的人看来，是不可能取得的分数。98分，应该是远远超过其他公司的分数吧！我觉得，我们公司之所以能远远超过其他公司，是因为我们始终让自己以'**即使讨厌也要做好规定的事**'的态度做事。"

员工持有辨别社长的认真度的能力。因此，社长应该彻底遵循自己制定的方针。毕竟只有这样，**社长的认真劲儿才可以打动讨厌工作的员工**。

打破平衡，可以唤起员工的干劲

在武藏野的"与环境整理有关的方针"（收录在"经营计划书"内）中，上面清楚地记着："清洁工作，以车辆、厕所、地板为重点。雨天的第二天，清洗所有车。"

为什么以"车辆、厕所、地板"为重点呢？

因为"车辆、厕所、地板"的污垢更明显，**容易让我们看到环境整理的效果**。在这些地方，"扫除工作是否做得彻底""污垢明显的地方在哪儿"，一看就知道。

我们公司有很多当家庭主妇的兼职员工。她们刚开始整顿环境时，问了我一个与上述问题相同的问题："小山桑，如何做可以让家中保持清洁？"

我的回答与平常一样："浴室、厨房、厕所，可以先让这三个地方保持清洁。"

如果浴室、厨房、厕所都闪闪发亮，其他地方的污垢就很明显。如果将厨房打扫干净，你就能注意到餐厅的肮脏之处。如果将餐厅打扫干净，你就能注意到客厅的肮脏之处。如果将客厅打扫干净，你就能注意到阳台的肮脏之处……

只要能注意到"干净之处"和"肮脏之处"的"差别"，我们就不会对此"差别"不加理睬。所以，我们就能主动将肮脏之处收拾干净。

只要**事先定好"今天只将某处收拾干净"，有意识地打破"平衡"**，你就会为恢复平衡而努力。

我们公司之所以规定每天只将某处作为各部门的领地，是因为**在缩小范围后，大家更容易注意到"干净之处"和"肮脏之处"的"差别"**。

此外，还因为：如果是大范围打扫，员工会嫌麻烦，而如果是小范围打扫，就能让员工一直保持干劲。

有意识地制造差别，有意识地打破平衡。

如果这么做了，即使是吊儿郎当的员工，也会主动去清除污垢。

利用员工在意"别人怎么看自己"的心理

大家知道棒球强校和棒球弱校的差别吗？

强校即使是在平时练习的时候，也有"观众"，而弱校的球场上则没有一名观众。

此外，还有一个差别：在训练赛上，强队的对手选自"本县的冠军候选队"，而弱队的对手选自"总是在第一回合就败下阵来的棒球队"。

因为"备受观众的关注""强队越过边界"，所以棒球强校一直干劲十足。

在意**"自己被别人怎么看"**的这种心理，在职场上也能发挥重要的作用。因为一想到会给别人留下不好的印象，我们往往会马上鼓起干劲。

牧野祭典和东伸之所以积极开展标杆学习，是为了通过"把公司展示给别人（其他公司）看"，营造自己无法偷懒的局面。

东伸的藤吉繁子社长曾说："现在我们拜托武藏野公司每年为我们举办一次公司参观学习会。如果不这么做，就无法刺激员工们。通过把我们努力整顿过的地方展示给他人看，并得到他们的表扬，能提升员工的积极性。"

当其他公司的人来参观学习的时候，本公司的员工会怎么想？他们会想："社长可以丢脸，但我不想丢脸。"因此，即使不情愿，他们也会硬着头皮整顿环境。

在冈山县，参加"冈山武藏野会"的有 M'S YOU、Pegasus Candle、Kimise 酱油、加茂纤维、小田象制粉等多家公司。大家参加此会的目的是，互相确认彼此的改善情况，谋求共同进步。

我们正在建立让各家公司轮流实施"环境整理标杆学习"并定期接受第三方评价的机制。可以说，**"外压"利用法**，也是让环境整理工作扎下根的有效方法。

使"环境整理检查"获得成功的两大要领

在我们公司，我们定期开展"环境整理检查"，以检查环境整理工作的进展情况。如果没有检查的机制，环境整理就会变成普通的扫除活动，无法促进改善工作的开展。

因此，我们每 4 周在所有营业所、分店开展一次"环境整理检查"。在开展"环境整理检查"时，我们一定会遵守以下两点：

①不突击检查

②以"检查表"为基础开展检查工作

①**不突击检查**

突击检查是一种卑鄙的行为。它只会让公司的气氛变得阴沉。

因此，每次检查前，我都会提前下发"将于〇月 × 日检查"的通知。在"经营计划书"的年度日程表里，也清楚记载着检查日和检查者。

如果提前告诉他们哪天检查，就会出现想"只在检查的前一天整顿环境"的员工。但是，这也未尝不可。

在前一天的晚上或当天早上，**"慌慌张张地收拾"**或**"补救有破绽的地方"**，是正确的做法。

如果开展突击检查，就会出现因觉得"反正都是突击检查，即使收拾了也没用"而干脆不整顿环境的员工。

而如果员工们提前知道哪天检查，他们至少每4周能用心整顿一次。1年下来，就是13次（1年=52周，52周÷4周=13次）。

"1年连1次都不整顿"和"1年整顿13次"——即使只在检查前一天整顿，也无妨——你觉得哪个更好？

当然是1年整顿13次更好一些。也正因为如此，我会提前通知检查日期。

不过，我每次都会改变"检查顺序"。

一到下午，检查者就会因越来越疲惫而在检查上有所放松。有时，上午不会忽略的项目，一到下午就会被忽略过去。

这对接受检查的一方来说，很不公平。因此，我的安排是：上次最先接受检查的分店，下次换到下午检查。

②以"检查表"为基础开展检查工作

我将以检查表为基础的检查称为"check"，将检查表中没有的检查称为"追查"。

有的公司的社长，会"追查"。他们会批评员工"为什么做不到"或说"这儿一点儿都不干净"等之类的话。而这样的结果是，公司的气氛变得十分阴沉。如果事先明确检查的项目，大家就会把注意力放在"事情"上，这样公司的气氛就不会变得阴沉。

武藏野的"环境整理检查表"有21项检查项目（现在采用的是以用"iPad mini"管理的方式让全体共享数据的机制）。

"环境整理检查表"

序号	分类	内容	标准	评价	评分	指摘
		6月13日实施 [经 S 第一] 环境整理检查表		总分	120分	
1	清洁	日光灯很干净。	5	○	5	0
2	礼仪	在巡察时,能打招呼(别着姓名卡)。	5	○	5	0
3	整顿	能用感谢卡表示感谢。	5	○	5	0
4	整顿	布告呈水平状,且四个角都已牢牢固定住。	5	○	5	0
5	纪律	已公布改善结果。	5	○	5	0
6	纪律	有环境整理的作业计划表,且实际成绩都已记录其中。	5	○	5	0
7	纪律	用 WEB 管理日程安排(35 个名额)。	5	○	5	0
8	整顿	能将垃圾分类(可燃垃圾、不可燃垃圾等)。	5	○	5	0
9	清洁	所有地板都很干净。或和前一天相比,有差别。	5	○	5	0
10	整顿	文具的朝向一致。	5	○	5	0
11	整顿	检查实施计划时的照片贴在墙上。	5	○	5	0
12	整顿	电话座机很干净。	5	○	5	0
13	清洁	电脑很干净。	5	○	5	0
14	纪律	在领地地图中记录着实际成绩。	5	○	5	0
15	清洁	工具柜很干净(写明数量、姓名)。	5	○	5	0
16	清洁	厕所很干净(女厕所有备用卷纸)。	5	○	5	0
17	清洁	(女厕所前的)盥洗室很干净。	15	○	15	0
18	清洁	玻璃很干净。	5	○	5	0
19	纪律	将实际成绩记录在计分板上。负分用红笔记录	5	○	5	0
20	纪律	有进出检查表。钥匙锁着。	5	○	5	0
21	整顿	**整体印象 A 10 分 B 5 分 C 0 分(车辆检查不合格为 -5 分)**	5	◎	10	0

培养"99分和0分都是'×'"的意识

在武藏野，检查项目只有 **21 项**——如果增加项目，检查就会变得散漫。检查时间为 10 分钟，无法检查到的项目，都评为"○"。

由于环境整理工作的常规做法是"从形式切入"，所以我们将检查的重点放在"眼睛看得见的形式"上，比如"4 布告呈水平状，且四个角都已牢牢固定住""10 文具的朝向一致""14 在领地地图中记录着实际成绩"等。

评价只有"○"和"×"两种。

顾客只有"买不买商品""接不接受服务"两种，没有"△"这一选项。如果即使 99 分，他们也不会购买，那它与"×"没有区别。

我们不用 80 分、65 分、98 分等具体的分数给予评价，是想让员工们知道"**99 分和 0 分，都是'×'**"这一点。

由于环境整理的分数与部门的奖金挂钩，所以在检查者中，也有"不想打'×'的员工"。

曾经还出现过因"不想遭人恨"而在评价时手下留情的部长。在知道这一情况后，我马上更换了部长。因为在我看来，无法将不合格的项目评为"×"的领导，是不会给下属的工作提出正确的批评的。

环境整理检查的总分是 **120 分**。基本上是每项 5 分，只有"最重要的项目"（应彻底清扫的项目）是 **15 分**，如"17（女厕所前的）盥洗室很干净"）。而且，最重要的项目，每年都会变。

"环境整理检查"是社长了解现场的最佳机制

开展"环境整理检查",也是社长收集现场信息的绝佳机会。

"事实只出现在现场"是我的一贯主张。因此,我一直让自己"从现实、现场的角度出发思考问题、下经营方面的决断"。

"好事"晚点报告,没有关系,但"坏事"如果社长不能马上听到,就会有大问题,其实,员工都不想报告现场发生的"坏事"——员工不向领导报告对他们不利的消息,是正常的现象。

因此,我有必要建立社长亲自去现场倾听现场声音的体制。而**社长即使不情愿也要去现场的机制**,便是"每年开展 13 次的环境整理检查"。

在经营协助会员中,Big Motor 的兼重社长和 Ribias 的大西昌宏社长(49 岁),是两位对环境整理检查工作最为热心的社长。

无论是 Big Motor,还是 Ribias,都在多个店铺开展环境整理检查——兼重社长亲自检查 34 个店铺(销售店),大西社长亲自检查 85 个店铺(直营店),**这两位社长每月花费在环境整理检查上的天数多达 15 天**。

兼重社长曾说:"'环境整理检查',非常重要。因为人在公司,只了解数字,无法了解现场的工作气氛。"

Ribias,是一家经营内容涉及理发店、美容店、全身美容沙龙的综合企业。大西社长以每年新开 40 家店铺为目标。因为"社长每月亲自检查现场一次",所以连大型地产开发商都请大西社长去他们那开店——在租房人看来,没有比社长亲自检查更让人放心的事了(现在和副社长分区检查)。

Ribias 很顺利地增加了店铺数量。而且，销售额也与此成正比例增长（在开展环境整理工作后，销售额**增加了 3 倍**）。不过，Ribias 存在一个大问题。

这个问题便是：如果公司再这么扩大下去，人的教育就跟不上了。于是，我对大西社长说："在 6 个月内还是不开新店为好。"

我为什么要这么说呢？因为销售额可以一直增长，但人不能一直成长。如果不设置"休息台"，让员工们休息休息，他们会疲惫至极。

让人的成长跟上公司的快速成长，需要 3 年时间。即使公司的成长速度会稍稍减缓，也应腾出时间好好培训员工，让员工蓄精养锐。如果这么做了，员工就能再次以矫健的步伐迈上新的台阶。

模仿就是"最好的创造"

我们公司之所以能获得"日本经营品质奖"等众多奖项，是因为我们积极学习"其他行业的成功事例"和在本行业还未成为常识的**"本行业的非常识"**。

武藏野的机制，100% 是模仿，我们自己独创的，一个也没有。

追根溯源，环境整理，模仿自一仓定先生。引入"ChatWork"（云端型商务聊天工具），模仿自**关通**的达城社长——达城社长模仿自 Primavera 的吉川充秀社长（41 岁）。此外，称呼员工时在姓氏后加"桑"，用感谢卡表示感谢，也是模仿自其他公司。

我们公司的商务设计，模仿自 Recruit 公司。30 多年前，我在听到 Recruit 的科长说"我们按照俱乐部活动的规章经营公司"后，便想让武藏野也成为按照俱乐部活动的规章经营的有趣企业。

我甚至曾开玩笑说："我们公司的正式名称是'盗品展览会株式会社'。"我们模仿其他公司的出色之处的彻底程度，可见一斑。

我们之所以这样做，是因为：**"模仿就是最好的创造"**。因擅长弹钢琴而成为免费生的女儿，只练习老师教过的曲子。按所教的方法实践的人，比独自钻研方法的人，进步得更快。公司的经营也是如此。

虽然学校老师都教我们说"不可作弊"，但在社会中，作弊未必可耻。"因拘泥于自己的想法而作不出成绩的社长"和"没有节操、常常作弊但能作出成绩的社长"相比，哪个更优秀？一定是作弊的社长更优秀。

越是对工作热心的社长，越拘泥于"独创的做法"，而我们则边 100% 模仿他人边生存。无论是刷牙、吃饭，还是使用手机和电脑、晚上睡觉，一切都是模仿。

模仿他人，绝不是件可耻的事。相比之下，无法提升业绩，更为可耻。即使你以完美的原创为目标，也只是浪费时间而已。如果你一直发呆，就会跟不上时代的变化。这样看来，模仿就是最好的方法。

赚钱社长和赔钱社长的区别

在模仿的时候，**"照原样模仿"**，很是关键，不可再另下功夫。

武藏野的布告牌（环境整理专用板）的颜色用"浅蓝色"，是因为科长渡边彻在访问 Pegasus Candle 时，看到他们的布告牌是浅蓝色的。如果 Pegasus Candle 用的是黄色，我们就会用黄色。如果他们用的是白色，我们就会用白色。如果他们用红色，我们就会用红色。无论是大小还是颜色，我们都**照原样模仿**。

迄今为止，我拜访过很多公司。我发现，越是业绩不好的公司越爱另下功夫——无一家公司例外。

而赚钱的公司，都是照原样模仿。销售额增加120%以上的公司，都是老老实实模仿别人的公司。

因为我们只要记住"あいうえお①"，就会使用"あいうえお"，所以，即使我们不知道"将'あ'写成'あ'的理由"，也没有问题。

首先，从模仿开始做起，试着模仿"最简单的地方""我们公司也能做到的地方"——不另下功夫，照原样做。接着，如果出现不合理之处，我们再更改。

我曾去 **Address**（高尾升社长（50岁）/福岛县）开展标杆学习。

开早会的时候，Address 的全体员工都边水平伸直双手，边跟着社长喊经营计划书。看到这一幕的我，觉得："这可以建立起公司与员工的一体感，很不错。"于是，我决定让武藏野马上模仿这一做法。

---

① 日语五十音图中的 a 行假名。——译者注

后来，参观过 Address 的**和幸工业株式会社**的五十岚正社长（39岁），问说：

"在 Address，员工们在读'经营计划书'时，都将手伸到胸前。这是在模放武藏野吧？"

其实，该做法的鼻祖是 Address。

通常，身为老师的人，都不愿模仿学生。而我，**只要他有优秀之处，就会不断模仿，即使对方是我的学生**。

我每到一个开展标杆学习的地方，都会下决心**"在回去前一定要偷学点什么"**。

学生在给我学费的同时，还会把他的创意告诉我。下次我就会将他的创意卖给别的公司。也就是说，我在有偿传授知识的同时，还将该公司的"好做法"全部"盗走"，将这些做法卖给其他公司。这便是武藏野能变强的原因。

Parlor Grand Advance，是一家以德岛县、香川县为中心经营钢球游戏店的公司。2007 年，因销售额减半而陷入窘境的平山刚社长（52 岁），开始整顿环境。

Parlor Grand Advance 能恢复业绩，归功于平山社长的"照原样模仿"。

原本很有干劲的平山社长，曾因无法舍弃"自己的做法"而走向错误的方向。

后来，他开始模仿"经营顺利的公司"。他在贪婪地吸取武藏野及同行（经营协助会员 **M'S YOU 株式会社**）的成功经验后，"照着原样"模仿了这些公司的做法。因此，他成功了。

在模仿的时候，模仿"比自己水平稍高一点的公司"做"本公司只要努力就能做到的事"，是件重要的事。

不可突然设定过高的目标，分阶段模仿很重要。想要考取驾照的人，如果将赛车选手定为模仿对象，便无法快速获得进步。

武藏野的环境整理水平，虽然过去很低，但现在已非常高。所以，普通公司不可一上来就以武藏野的水平为目标。

为了不让想模仿的公司走弯路，武藏野为众企业准备了"**环境整理扎根项目（KTP）**"和"容易模仿的机制"。

以**后藤组**和**日昭工业**为首的众多公司，之所以"怎么也看不到环境整理的成果"，是因为他们闭门造车。

可以说，想要让环境整理作为文化扎根于公司，按照"环境整理扎根项目"照原样模仿，是最快的捷径。

凑数的新员工也能大显身手

"环境整理扎根项目"，为期 6 个月。在这 6 个月里，我们公司的员工定期前往顾客公司，为他们授课、提供现场支援。

这个项目的特点是，由"**我们公司原先无能的员工**"担任老师。我之所以让原先无能的员工担任老师，是因为原先无能的员工可以用自己的语言讲述自己的变化和成长。

在金钱的引诱下硬着头皮整顿环境的他们，先是改变了结果和数字，后来改变了"自己"。

比初中毕业生水平稍高一点的高中毕业生，为什么能在武藏野发生改变？可以说，他们的成长过程，即"环境整理的成果本身"。因此，让他们去授课，很有说服力。

于 2013 年获得"日本经营品质奖（大规模部门）"的滋贺大发贩卖株式会社，也引入了武藏野的"环境整理扎根项目"。

当时，滋贺大发贩卖有 350 多名员工。要教这么多人整顿环境，我们必须增派员工。于是，我决定派武藏野的 40 名员工去滋贺大发贩卖。但是，科长以上的员工，只有 30 人。后来我怎么做了呢？

我决定剩下的 10 名从刚入社一两年的员工中选出。说得难听一点，就是凑数。**然而，为凑数而送去的这 10 名新人，却发挥了最大的力量。**

其理由是，"对环境整理工作一无所知的滋贺大发贩卖的员工"和"因刚入社不久而对环境整理工作了解不多的武藏野新员工"，**拥有相似的价值观。**

简单地说，是因为"无论什么问题，都容易提出、容易问"。对滋贺大发贩卖的年轻员工（普通员工）而言，矢岛专务董事和齐木修本部长，都不是容易亲近的人。而如果对方是武藏野的新员工，他们就能随便问："请问，这该怎么做？"

武藏野的新员工，也能**结合自己的体验告诉他们**："最初我也不会，后来是按照这么做才会的。"

而且，他们在教的过程中，也在学习。换言之，我派他们去，**一举两得**——因为老师和学生都是普通员工，所以无论是滋贺大发贩卖的员工，还是武藏野的员工，都能学到东西。

武藏野最大的弱点

如今，武藏野已是一家环境整理成为公司文化的一部分、拥有超高收益体制的公司。

但是，武藏野也有一个最大的缺点。大家认为这个缺点是什么呢？

这个缺点便是：可整理的东西很少。如果没有扔的东西，"做战略决策练习的场所"就会变少。

在"扔东西、整理东西、做战略决策"上拥有较少经验的员工，即使入社已达五年之久，成长也难以达到顶点。

为了弥补这一缺陷，我定期调动人员，让在得斯清部门担任两年以上科长的员工去经营协助部门做"环境整理扎根项目"的老师。

去其他公司从零开始教如何整顿环境，也可以让本人获得成长。拥有很高的社会贡献意识的滋贺大发贩卖，在开始整顿环境前，就积极参与地区的清扫工作。但是，并不是每家公司都能像滋贺大发贩卖一样拥有如此高的整顿意识。

几乎每家公司，起初都会说"不想做扫除这种事"或"扫除不可能提升销售额"。他们都对"扫除能提升销售额"持怀疑态度。其中甚至有持有敌意的人。

那么，在这种"超尴尬"的境地中，武藏野的员工又是如何阐述开展环境整理工作的必要性的呢？

接着我为大家介绍经营协助部门的田中光俊、志村明男的奋斗史。

缩减考核项目个数，反而带动了员工的干劲

田中光俊（经营协助部门科长）

我被调到经营协助部门刚一年多点的时候，就被派去当"环境整理扎根项目"的老师。

在那之前，我一直担任得斯清部门的店长。惭愧的是，在我还是一位尚未成熟的店长的时候，就被调到了经营协助部门。

小山对我说："请把你的成长过程，包括你曾引发的问题在内，告诉顾客。你的成长经历，便是你的商品哟。"

在 KTP（"环境整理扎根项目"）中，我为顾客准备了各种各样的培训项目，如矢岛（矢岛茂人专务董事）的演讲、利用听力表把握现状的培训、长达半年的实施计划制作培训、扫除实习、环境整理检查培训等。但是，由于所有员工都"不想做扫除这种事"，所以进展并不顺利。

在开展环境整理工作时，"每天坚持只在规定的时间里做规定好的事"，是件重要的事。而要做到这一点，我们必须制作一张"扫除分担表"。

但是，即使我恳求他们做一张分担表，也没有人主动做。于是，我只好和他们说"现在，在这里，和我一起制作一张分担表吧"，强制他们和我一起制作分担表。可能也是因为他们对武藏野这个外压有所忌惮吧，凡是我在的场合，他们都会硬着头皮做好我要求做的事。

在实施"环境整理检查"的那一天，我也去了。在开展"环境整理检查"的过程中，我注意到：**尽管他们"照原样"模仿武藏野，但还是失败了。**

因为武藏野的"环境整理检查表"，对他们来说，水平太高了。毕竟现在这张"环境整理检查表"，是我们努力 20 多年的结果。所以如果一上来就让他们照原样模仿，不可能进展顺利。这与"让只会加法的孩子学微积分，注定会失败"是同一个道理。

因此，我决定先让他们从一眼就能看出变化的"10 个项目"开始做起，等他们适应后，再慢慢增加项目（→下一页）。

让员工们"理所应当地做理所当然的事""按照规定做规定好的事"，是环境整理工作的重点。

如果规定"每天早上花 15 分钟整顿环境"，就做 15 分钟。只做 10 分钟的人，即使只有 1 人，也会使工作无法顺利开展。

也有人说："为什么必须规定物品的摆放场所啊？名片无论放哪里，都不会造成困扰。"只有曾试着将物品放在规定的场所，才知道乱放名片是否会造成困扰。

我也遇到过想整顿环境却不理解整顿环境的重要性的社长。在这样的公司，如果社长不改变想法，员工就不会发生改变。而如果员工不发生改变，环境整理意识就无法在公司扎下根。

虽说如此，但即使我一上来就和社长说"如果社长不改变，就行不通啊"，也无法将我的想法传达到。因此，我让自己边仔细倾听，边了解"社长想怎么做"。

我从不认为我做的是顾问工作。我的工作内容，与其说是"指出他们做得不好的地方"，不如说是帮助他们做出好成绩。

我想，如果我是已取得 MBA 学位的优秀之人，一定会被他们防范吧！因此，我以武藏野实际正在做的事情为例子，告诉他们"我的歪曲想法是如何被矫正的"。

我告诉他们："我起初也不想做。因为我们公司的小山认为'不可不强制大家做好事'，所以我也被强制整顿环境。其结果是，我逐渐变得温顺……"我想，正因为**我暴露出自己不好的一面**，小山才相信我能像他一样做事吧！

一眼就能看出变化！
由 10 个项目构成的"环境整理检查表"

检查日期　年　月　日
部门名称：

		内　容	总分	评价	分数
1	礼仪	巡察时，能打招呼（起立）。	10		
2	整顿	有环境整理的作业计划表，且实际成绩都已记录其中（没有未记录的部分）。	10		
3	整顿	在领地地图中记录着实际成绩（没有与作业计划表不一致的地方）。	10		
4	整顿	日光灯的朝向一致。	10		
5	整顿	在环境整理的实施计划书中记录着实际成绩。	10		
6	清洁	厕所的马桶很干净（有备用卷纸）。	10		
7	整顿	张贴物的四个角都被固定住（除日历、浮签等可翻开的物品外）。	10		
8	整理	地板上没有垃圾（边长 1cm 以上）。	10		
9	整理	仓库中没有与工作无关的物品。	10		
10	整顿	环境整理的工具摆放场所遵照三定 ※ 管理法（朝向一致）。	10		
11		整体印象 A20 分 B10 分 C5 分	20		
		总计	120		

※ 所谓三定，即规定放哪里、放什么、放多少。

在我置身于"超尴尬的境地"时，项目得到了改善

志村明男（经营协助部门部长）

"环境整理扎根项目"，由 3 部分构成。

第 1 部分是矢岛的讲义。关于"对参加工作的人而言，哪些是重要的事""什么是环境整理"，矢岛会花 3 小时进行讲解。

第 2 部分是集体培训，即扫除实习。

在该培训中，我将全体成员分为 4 组，让他们打扫厕所、地板、照明用具等"污垢比较明显的地方"。

因为在此之后他们就能真切体会到"只要打扫，公司就能变得干净，就会产生变化"这一点，所以即使是起初硬着头皮打扫的人，也能在扫除结束的时候收获成就感。每组都配有一名武藏野的员工。

第 3 部分是让他们花半年时间做整理、整顿、清洁的工作。

迄今为止，我为各种各样的公司提供过帮助。在这些公司中，有很多无法用普通方法应对的公司。

在 A 公司，曾有人以一副居高临下的态度和我说："武藏野？武藏野算什么，我们公司可比武藏野大多了！"

因为我比较迟钝，抗挫能力强，所以我并没有那么在意他说的话。

我一直认为，与他们对话，是让没有干劲的顾客产生兴趣的诀窍。

只要营造出你说一句、我说一句或你问一句、我答一句的良好氛围，他们就能逐渐打开心扉。

而且，因为变化是眼睛看得见的，所以即使是最初以一副居高

临下的态度说话的人，也大多会在不知不觉间忘我地整顿环境。

我不是心理学者，不会从心理学的角度作清楚的解释，但我知道，视觉给予大脑的影响非常之大。

除了 A 公司外，反应强烈的公司，还有很多。

B 公司约有 30 名员工。

在武藏野的员工到达 B 公司的那天，只有 4 名员工在公司。我们被他们放了鸽子，只好马上中止项目。

C 公司有 100 名员工，虽然他们的社长早在半年前就已把日程安排告诉他们，但当天只有 10 名员工来。所以，我们也只好中止项目。

虽然 A 公司、B 公司、C 公司，都是拥有很多淘气包的公司，但如今它们已长大，正在成长为优秀的公司。

A 公司、B 公司、C 公司当初对环境整理工作采取不合作的态度，我们也有责任。因为我们都认为"我们是去教东西的"。

我们应该做的，不是教他们如何扫除，而是让他们通过扫除掌握沟通方法、计划的制定方法、作报告的方法、PDCA 的遵循方法。

但是，我们并没有意识到这一点。我一直觉得，正因为我置身于"超尴尬的境地"，我才能更进一步改变、改善 KTP。

当我们去的是很难提起干劲的公司时，我们就会思考："如何做，他们才会配合我们？如何说，才能把我们想说的传达到？"

这种思考与项目自身精度的提高密切相关。

像 A 公司这种类型的公司，有好几家。

B 公司，是位于静冈县沼津市的**小林电气工业株式会社**（小林克也社长，51 岁）。

C公司，是位于山口县宇部市的**吉南运输株式会社**（井本浩二社长，54岁）。

舍弃现在，开拓未来

每年，我都和经营协助会员的诸位领导去拉斯维加斯考察。看到拉斯维加斯的高级宾馆，我的感受是"他们变得真快"。

如果他们知道他们建的娱乐设施对顾客没有吸引力，他们会马上"舍弃"它，开始建新的设施。

但是，很多中小企业的社长，都不会整理工作。他们认为，舍弃工作，很可惜。其实，舍弃工作并不可惜。可惜的是，因保存不会带来销售额的东西而错失了机会。

无论发生了什么，社长都不可让公司破产。为了做到这一点，社长应不满足于现状，持续不断地推进改革。

改革，并不是"想办法补救短处"，而是**果断地舍弃短处，发扬自己公司的长处**。

舍弃现在，开拓未来。

如果一直停留在现在，无论哪个公司，都会完蛋。毕竟相信并挑战未来才是经营者的责任和义务。

本章小结：让讨厌工作的员工充满干劲的方法

让"清晨扫除活动"在公司扎根的机制

1. 用"钱"激发员工的干劲，才是正确的做法。对员工而言，付出爱就能得到钱。员工的干劲由"钱"决定。

2. 只要强制员工致力于环境整理工作，就一定会有人辞职。不可挽留说"我要辞职"的人。不同时期都有人辞职，是正常的现象。

3. 使"环境整理检查"获得成功的两大要领是：①不突击检查；②以"检查表"为基础开展检查工作。

4. "环境整理检查"是社长了解现场的最佳机制，是社长即使不情愿也要去现场的机制。

5. 赚钱的社长，都是照原样模仿。而"赔钱的社长"，都是另下功夫。模仿就是最好的创造。在开展标杆学习的地方偷学点什么，是件重要的事。

6. 在武藏野，我定期调动人员，让在得斯清部门担任两年以上科长的员工去经营协助部门做"环境整理扎根项目"的老师。去其他公司从零开始教如何整顿环境，也可以让本人获得成长。

7. 在开展环境整理工作时，"每天坚持只在规定的时间里做规定好的事"，是件重要的事。

8. 我们应该做的是，让他们通过整顿环境掌握沟通方法、计划的制定方法、作报告的方法、PDCA的遵循方法。舍弃现在、开拓未来。相信并挑战未来吧！

第 5 章

用事例来说话，清晨扫除术如何让公司持续赚钱

01 Logix Service

∙∙∙

（宫城县） 物流行业

地震后，销售额提升3倍

★销售额提升3倍

★工作效率提升140%

★成功提升兼职员工的战斗力

Logix Service 株式会社（菊池正则社长（49岁）/员工160名/总社：宫城县仙台市），是一家承包区域物流的公司。它在岩手、宫城、秋田、福岛、青森等东北①各处设有据点，每天发3万5000箱，管理500个项目。

区域物流的业务外包，一般是帮顾客保管商品。但是，Logix Service 一直提供的是**将员工派至顾客的仓库、物流中心的服务**（派5名以上）。

将业务委托给外部公司，最让人担心的是服务质量的不稳定。

特别是区域物流有时还会遇到出货波动（由季节、流行导致的出货量的增减）等意外事件。有的物流公司之所以无法**将工作效率**

———————

① 东北指日本本州东北部地方。——译者注

提升140%、物流事故率控制在50ppm①**以下，是因为员工的价值观未达成一致**。菊池社长一直认为："应优先通过人才教育让员工的价值观达成一致，员工是比任何豪华设备和机制都重要的资产。"此外，他还认为，应将**环境整理**放在员工教育的"根部"。

Logix Service 通过每天早上的清扫和整理整顿，让160名员工拥有了**"共同的认识、共同的理解、共同的语言"**。而这样的结果是，Logix Service 已成长为能提供既迅速准确又细致灵活的物流服务的公司。

据菊池社长说，2002年公司刚成立的时候，公司内部的氛围十分糟糕：给员工作业服，他们也不穿；他们也不戴帽子；公司周围全是他们随意丢弃的烟头；他们不仅做坏事，还搞婚外恋。但现在，**"每天早上花15分钟"**的环境整理工作已成为固定工作项目。

毫无疑问，和很多公司一样，起初员工们也反抗过。也因为是刚创业的缘故，Logix Service 在资金上并不宽裕。因此，菊池社长没有为了让他们做环境整理工作而给他们多发工资。但是，菊池社长边开动脑筋——如引入**"盖戳卡"**（盖满50个章，就能领取价值5000日元的商品券）等——边让环境整理意识在员工的心中扎下了根。

据说，菊池社长在生日那天，收到了很多员工发来的录有"Happy Birthday to You"的语音邮件。

菊池社长说："刚创业那会儿，公司里尽是一些连扫除的'扫'都不知道怎么写的人。我也曾因公司眼看着要破产而偷偷哭过。一

---

① ppm：Parts Per Million 的缩写，意为"百万分之"。——译者注

回想往事，就觉得收到祝我生日快乐的邮件，真是件开心的事。在收到邮件的时候，我感动得落泪了，心想，价值观终于达成一致了……"

有一次，菊池社长对因腰痛而不能工作的小 A 说："没问题吗？不要硬撑着，快回家休息吧！"而小 A 的回答是："社长，请不要剥夺我工作的权利。我不想请假，因为我来这里上班很开心……"

可以说，环境整理工作改变了员工的心。

2014 年 4 月，Logix Service 因消费税的提升而收到了"更改价格卡的工作量很大，请帮忙"的顾客请求。

Logix Service 派去了 80 名员工。而对手公司只派去了几名员工。哪家公司更值得信赖，答案不言自明。

菊池社长之所以能迅速派去 80 名员工，是因为**"按规定做规定好的事""员工应执行社长的决定"**等价值观已渗透到所有人的心中。

环境整理工作也改变了**社长的心**。其代表性例子是菊池社长在东日本大地震发生后的反应。在东北地区设有营业部的 Logix Service，在地震发生后，被逼入了**"连续两个月停工，在此期间零销售额"**的窘境中。但是，菊池社长说"当时没有想多余的事"。

菊池社长说："我想过'该怎么办好呢'，因为销售额正在不断减少，还有借款，但我没有因此而过度担心或睡不着觉。或许，在开展环境整理工作后，**我也能整顿我脑中的环境了。我发现，我越是不想多余的事**——虽然我脑中原本就没有多少东西——我就越沉着。"

和震前相比，Logix Service 的**销售额提升了 3 倍**。现在，菊池社长正以"在东北地区增设 20 个据点""培养出可称为后继者的 20 名社长"为目标，为东北地区的复兴继续贡献着自己的力量。

菊池社长说："我们公司的员工**虽然只做了小事（扫除），却获得了大成长**。昨天不会做的事，今天会做了。变化即使非常小，也是件了不起的事。或许也有人小看'扫除的力量'，认为不过是'区区一个扫除'，但我认为，**连'区区一个扫除'都不会的人，绝对不会成长**。小看 1 日元的人，是无法赚取 100 万日元的。在开展环境整理工作后，我深刻意识到，**大成果只能由小成果累积而成**。"

02 关通

···

（大阪府）物流行业

连续 4 年以 130% 的速度成长

★配送质量达到最高质量等级——"LV5"

★连续 4 年以 130% 的速度成长

★通过让仓库展厅化，实现兼职员工的战斗力化

关通株式会社（达城久裕社长（54 岁）/ 员工 340 名 / 总社：大阪府东大阪市），是最先为通信贩卖公司代理配送业务的公司。现在，它的年销售额约为 27 亿日元。它正在成长为电商物流管理的先驱。

物流行业用 5 个等级表示发错货和投诉的发生率。最高等级是 LV5（每 100 万件中只有 10 件以下的发生率）。通常，只有已完全实现自动化控制的配送中心，才能达到 LV5。

人们都说，像关通这样的非全自动化配送中心，达到 LV2（每 100 万件中有 1000 件以下的发生率）已是极限。

关通曾创下"1 年间 3 万件快递零失误"的记录。虽然它以模拟化操作为主（部分同时使用数字化操作），但几乎没有发生过物流事故。这是件让人觉得惊讶的事。而且，早在 2014 年，它就已

达到LV5。

达城社长曾断言道："我们公司的员工之所以能对3万件快递库存进行无差异管理，是因为他们通过开展环境整理工作，**统一了物品的朝向**。"也就是说，他们以确认每个箱子的朝向、将它们的朝向"整顿"一致的方式，努力避免失误的出现。正因为他们一直在用心地做这项简单但十分繁琐的工作，所以关通的物流品质才能一直保持下去。

现在，武藏野也委托关通代理我们的配送业务。因此，我们能深切感受到关通的物流品质究竟有多么高。在我们公司，曾发生这么一件事。

有一次，我们同时举办"实践经营塾"和"实践干部塾"。由于捆包物的量很大，所以当时的状态是，如果不打开箱子，就不知道哪份资料放在了哪个箱子中。为了让大家清楚地知道"哪个箱子里放了什么资料"，关通的员工先按照课程将不同颜色的胶带贴在箱子上，再为我们配送出去。

关通从2007年开始开展环境整理工作。据说，他们刚开始整顿环境不久就有**"年收入为700万～800万日元"**的3名员工离开关通。

达城社长说："我觉得他们辞职不是因为他们不想整顿环境，他们是从一开始就想离开公司。我觉得我很幸运，因为人事费因此省出了2000万日元。当时我的想法是，将这份钱用在员工的培训上。"

环境整理的目标是，**整顿、准备容易开展工作的环境**。

达城社长在理解这一点后，又设立了一个目标：**让仓库展厅化**。

他从市场销售的角度出发，通过让仓库展厅化吸引顾客。

想要让经营处于稳定状态，增加顾客是最好的方法。为了吸引顾客，达城社长常常开展"仓库参观活动"，公开公司的机制。

达城社长说："我们公司的长处是，**让环境整理与市场销售密切联系在一起。**此外，还有一个长处：我们通过开展人员整顿工作，实现了**兼职员工的战斗力化。**因此，想把公司上下整顿得闪闪发亮，我们无需花很多精力。清洁工作虽然很累，但我们的收获也不小啊！所以，我们只需在看得见的地方投入精力，使之变得干净。"

关通约有340名员工。其中，正式员工120名，**兼职员工220名。据达城社长说，兼职员工的离职率比正式员工还低。**

达城社长说："仓库参观活动中的讲解人员，我也让兼职员工担任。他们知道讲哪些重点，讲得非常好。我很感激他们为我如此努力地工作。特别是有育儿经验的女兼职员工，在工作的安排上很有一手。家有双胞胎的妈妈，我们公司有两位。她们**非常擅长同时做多件事。**"

在与顾客签下新合同后，达城社长会将"顾客为什么选择关通""关通最强的获胜招数是什么"告诉全体员工。

顾客选择关通的第一大理由是"员工很开朗"。其次是"员工不会强迫我做什么"。因此，**"员工开朗、精神饱满"**也是关通不断增加顾客的源泉——物流品质自不用说。

"员工的开朗"也是装点展示厅的一大重要要素。

关通已**连续4年以130%的速度成长。**可以说，他们已成功实现"仓库的展厅化"。

达城社长说："在开展环境整理工作前，我们每年以120%的速度成长。虽然一直成长着，但我一年到头净玩高尔夫了。当时每年能玩 200 局。现在玩的次数不到当时的十分之一。因为我发现工作更有趣。工作是越付出，越能提升业绩。而高尔夫就不同了。无论我玩多少局，得分都没有太大变化。更重要的是，如果我工作，还能得到顾客和员工的感谢。而玩高尔夫，只有在付费的时候，有人会感谢我。被感谢的次数，两者完全不能进行比较。如果我没有遇到小山社长，或许我现在依然天天只顾着玩高尔夫吧！"

03　小田岛组

∙∙∙

（岩手县）　建筑行业

5 年后，销售额变为原先的 2.5 倍

★ 5 年后，销售额是原先的 2.5 倍

★ 交易区域约扩大 10 倍

★ 获得了行政机关的高度评价

小田岛组株式会社（小田岛直树社长（50 岁）/员工 54 名/总社：岩手县北上市），是一家以岩手县为中心承包公共工程和各种民间工程的土木建筑公司。

日本的公共事业费因小泉纯一郎推进结构改革①而有所削减。在此之后，地方的建筑行业给人的印象是，一直处于停滞不前的状态。但是，小田岛组的销售额却一直处于增长中。在形势最为严峻的 2008 **年，小田岛组亏损了** 5000 **万日元**，销售额仅有 7 亿日元。但到了 2013 年 6 月，其销售额已达到 **18 亿日元。5 年后，已增至** 2.5 **倍**。在以公共事业为中心的建筑行业，这个增长速度，非常显眼。

————————————

① 小泉纯一郎于 2001 年当选为日本首相，上任后不久，他便开始实施从社会系统到经济体制的结构改革。——译者注

最初，小田岛社长要开展环境整理工作的原因是什么呢？

答案是：因为他想改变在建筑行业工作的人的"气质"。

小田岛社长说："也可能是远离现场的缘故吧，在建筑行业，员工和公司并没有建立起一体感。现场监督者，大多数是单干户，想自由地做事。他们对建筑现场的归属意识很浓，但对公司的归属意识很淡。但是，在今后的时代，大家必须朝着同一方向一起努力奋斗。因此，我意识到，我们公司有必要开展'**让大家做同一件事**'**的培训活动**。"

如果有人只随心所欲地做自己想做的事，我们便无法期待他有所成长。人只有被**强迫做他不想做的事**，才能构建起新的自己。

男人或女人、已婚或未婚、新人或老人，在每个人的状况都不尽相同之时，**只有"让大家朝着同一方向努力"，才能让组织变得强大**。

小田岛社长一直认为，在被命令"快做"后做自己不想做的事，或遵守自己不想遵守的规则，是员工必须做到的，没有讨价还价的余地。

小田岛社长说："在开始做环境整理工作后，员工马上上来问我'必须用相同的扫除工具'和'必须规定扫除工具的摆放场所'的理由。其实，理由是什么，并不重要。大家必须这么做，并不是因为这样做是'正确的'，而是**因为我们规定要'这么做'**。如果因为讨厌或不想做而不做，不仅员工无法成为强大的人，公司也无法成为强大的公司。"

不论谁，都讨厌变化。无论谁，都不想做自己讨厌的事。大家讨厌变化，或不想做自己讨厌的事，属于正常现象。但是，有时，只有在我们"不想做的事"和"讨厌做的事"中，才隐藏着能使公司变强的幼芽。

小田岛组之所以能在5年后将销售额增至2.5倍，是因为我让小田岛社长做了"他不想做的事"。我让他做了什么呢？答案是：我让他**"侵占"**了别人的地盘。日本的建筑行业有个多年的老规矩：按照惯例划分范围和领地。

于是，我对小田岛社长说："工作遍布在日本全国。隔壁地区有工作，你为什么不去争取呢？你不会是只想被称为本地名士，在溺爱中成长吧！如果你讨厌'侵占'别人的地盘，就只能就地死去了。"

虽然小田岛社长"害怕去其他地区抢生意害怕得要死"，但他对破产的恐惧，远远超过对去其他地区抢生意的恐惧。于是，他开始硬着头皮开拓新事业。而这样的结果是，他的地盘扩大到了10倍。

小田岛社长说："小山社长从来没有'如果讨厌，就放弃'的想法。而我，只要妻子骂我，我就'想跑'。小山社长肯定是那种即使被妻子骂也会说'我家的社长是我的老婆！我服从社长的决定'的人。我佩服拥有强大内心的他。"

当小田岛组在投标中输多赢少时，小田岛社长曾前来问我："我们为什么赢不了？"我的回答是："你知道**月亮喜欢'谦虚的人'**吗？你们是否怀着感恩的心情打扫厕所？是否怀着感恩的心情为祖先扫墓？如果做了这些，还输了，那么理由只有一个：你对我的感谢还不够。"

小田岛社长笑着说了一句"我给您赔礼了"。之后，他给武藏野送来了不少钱。

刚才说的虽是玩笑话，但小田岛社长热心于员工培训，确实是真的。他在员工培训的投资上，从不吝惜。

小田岛社长说："我说这话可能不好听，我感觉我好像是以员工培训这种形式将 100 万日元扔进了员工的嘴中。虽然手上少了 100 万日元，但只要用球棒拍打员工的臀部，就能让他们把钱吐出来。我一说起我的这个感觉，就有员工上前问我，'那么，社长，我们都是鸬鹚吗？'渔夫的鸬鹚只吐一次，而员工们掌握的技术，可以用 10 次、20 次。这样看来，比起将利润存在银行，投资员工培训，收益更大。"

小田岛社长的这个想法，非常好。员工之所以理解他的想法，是因为**员工和社长一直在同一时间、同一地点工作，一直持有相同的价值观。**

04 后藤组

· ·

（山形县）建筑行业

1年内，将3亿日元的亏损变为3亿日元的盈余

★成功将3亿日元的亏损变为3亿日元的盈余

★拥有日本最干净的临时厕所

★因模仿的"微差力"而区别于其他公司

后藤组株式会社（后藤茂之社长（46岁）/员工93名/总社：山形县米泽市），是一家深深扎根于山形县、为顾客提供土木建筑类综合服务的公司。

2005年，因公共事业有所减少而嗅到危机的后藤社长意识到："如果不增加民间的工作，光靠公共事业，很难预料今后会如何。"于是，后藤社长将在某大型建筑公司担任分店副店长的小A招进公司，让他当后藤组的副社长。后藤社长是想借此增强公司的销售力。但是，这个小A却将公司逼入了绝境。

后藤社长说："他在经费的使用上，简直是胡来。比如用公司的钱去大吃大喝，在料亭①办宴会，请同一个顾客打多次高尔夫，

---

① 料亭：一种价格高昂的日式高级餐厅。——译者注

去国外旅游，等等。我以为请他来能让公司变强，结果公司却因他而败落了。在小 A 来我们公司后，我们公司**亏损了 3 亿日元**。"

后藤社长在见识过"一个人就能创下 3 亿日元的亏损的小 A"的"本事"后，提出了以下这种假说："如果一个人就能让公司的运营脱离正常的轨道，那么仅靠**一个人的力量，也能重建公司**。"

为了验证这个假说，后藤社长参加了武藏野的现场参观学习会。虽然当时后藤社长觉得吃喝嫖赌抽五样俱全的小山升很奇怪——因为他本人不喝不赌不嫖——但他认为"如果只要扫除就能让公司变好，那真的很便宜"。

后藤组从 2008 年 6 月开始整顿环境。2010 年，他们才引入"环境整理扎根项目"。在这之前，虽然他们属于看样学样，有自己的独特风格，但他们仅花了 1 年时间便**将 3 亿日元的亏损变为了 3 亿日元的盈余**。

后藤社长说："坦白地说，我本人对'光扫除就能让公司发生戏剧般的变化'这种说法多少有些怀疑。但是，结果却证明这种说法是正确的。我之前一直认为，在建筑行业不可能开展环境整理工作，毕竟工程现场有那么多材料，后来我发现我的想法太过主观。因为在我们开始整顿环境后，现场确实发生了明显的变化，变得干净多了。"

我不知道其他地方是否有"临时厕所"像后藤组的临时厕所那么干净的工作现场。临时厕所，不仅容易脏，还很臭。因此，大家通常将它设置在外面。后藤组将临时厕所**"设置在事务所内部"**，而且规定**"在脱鞋后才能使用"**，便是厕所干净的证明。

后藤社长在逐渐认识到"吃喝嫖赌抽五样俱全的小山升，是正品"后，于 2010 年 3 月正式引入"环境整理扎根项目"。

后藤社长说："2008 年的时候，我没有请教任何人，做什么都按自己的想法来。比如，我打开电脑的硬盘盖，用空气去尘器吹，如果没有灰尘出来，就合格，如果有灰尘出来，就不合格。后来，我在思考过'这么做，真的行吗''是不是做错了''如果掌握正确的做法，公司不是会变得更好吗'等问题后，决定向行家学习。"

后藤社长 24 岁就开始担任社长。当时，在美国留学的后藤社长，被身为创业者的爷爷召回日本继承事业。据说对经营完全不了解的后藤社长，为此读了大量的书籍。在读完后，他发现凡是成功者都有共同点。

后藤社长说："成功者的共同点是'模仿'。就像斋藤一人在《微差力》这本书中所写的那样，我们只要站在富士山的山顶上，就站在了日本的最高之处。但是，由于大多数人都想自己造一个富士山，所以大多数人都做不了日本第一。**换言之，'模仿'就是成功的原理、原则**"。

始于"仅靠一个人的力量，也能改变公司"这个假说的环境整理工作，如今已将后藤组的全体人员卷入其中，并正在为后藤组的飞跃发展提供源源不断的力量。

后藤社长说："我'整顿'了员工的意识。现在，大家正朝着同一个方向一起奋斗。当然，也有因'不想每天做扫除这种工作'而中途辞职的人。但是，我觉得与公司的想法不一致的人离开公司，也是没办法的事。如果一有公司的干部或顶级销售员说'我要辞职'，社长便因觉得'如果他们辞职，就麻烦了'而撤销自己制定的方针，公司永远不会进步。因此，我一直按照自己的想法做着。"

随着公共事业的减少，地方的建筑公司面临着严峻的挑战。

在业绩不断下滑的行业里，后藤组之所以能揽下很多工作，是因为它与其他公司有差别。

后藤社长说："看过我们现场的顾客，都很惊讶。因为现场太干净了。除了我们公司外，没有每月开展一次现场检查的建筑公司。因此，我们能让顾客感到安心。可能看起来仅仅是外观发生了改变，其实员工的心、顾客的心，也随之发生了变化。无论是环境整理，还是小山升，都是正品。"

05 松尾 Motors

....

（兵库县）汽车销售行业

曾创下单个店铺一个月销售 300 辆的记录

★单个店铺一个月销售 300 辆

★一年为 2500 多辆汽车车检

★一年销售 1200 辆以上

松尾 Motors 株式会社（松尾章弘社长（52 岁）/员工 40 名/总社：兵库县神户市），是一家开展新车、未用车①、二手车的销售、检验、整修等业务的汽车销售公司。

2008 年，松尾 Motors 以"大藏谷轻型车工作室"为名，在装修后重新开始营业。它主要作为以轻型车为中心的"未用车专门店"开展销售工作。

2013 年 1 月，松尾 Motors 的**铃木新车销售数量，在兵库县位居第一，并因此获得了"全国最优秀奖"**。2014 年 1 月，松尾 Motors 创下了**单个店铺一个月销售"300 辆"**的新记录。

松尾社长在距今约 10 年前，初次参加武藏野的共同学习会的

---

① 未用车：为了完成厂商的销售目标而只注册过车牌号的新车。

时候，水平很低。

在我们去东伸株式会社现场考察时，发生了一件事。当时，我告诉他"快偷、快偷"——我的意思是"快偷学可以模仿的机制"。可能是他误解了吧，松尾社长当时的想法是"如果可以偷，那么不是也可以将自动铅笔或橡皮带回去了吗"。于是，我和他开玩笑说："文具被摆得那么整齐，如果我们偷了，就暴露了。因此，文具是不能偷的。"

社长是这种风格的人，公司亏损也是自然的事。但是，现在松尾 Motors 的销售额一直处于上升状态：**单个店铺一年销售汽车1200 辆以上，一年为 2500 多辆车提供车检服务。**

为什么松尾 Motors 能发生变化?

因为通过开展环境整理工作，全体成员的用力方向已达成一致。

松尾社长说："即使引入环境整理扎根项目，也没出现太好的结果。虽然制定了实施计划，但 3 年来也只是做了整理整顿工作。当时我觉得'矢岛先生（在武藏野担任专务董事的矢岛茂人）和由井先生（在武藏野担任本部长的由井英明），都太严厉了'。现在想来，没有这 3 年的积累，我们就无法让大家深深意识到环境整理工作的重要性。"

一强制员工开展环境整理工作，就会出现说"我要辞职"的员工。松尾 Motors 也不例外——当时有顶级销售员离开了公司。

松尾社长说："如果用力方向不同的人辞职了，留下的便全是用力方向一致的人。严格地说，如果对方不想统一步调，即使他是顶级销售员，也还是让他辞职为好。这样可以让公司的成长速度变得更快。"

2008 年，松尾 Motors 能转向销售"轻型车中的未用车"，是因为他们的价值观已达成一致。此外，还因为松尾 Motors 已培育出"社长一说'做吧'，员工就立马动手做"的文化氛围。

在于 2010 年 1 月取得邻接地的租赁权后，松尾社长将店铺改装成了拥有私营车检场的县内最大的"未用车专门店"。在这之后，松尾 Motors 开始快速提升销售额。

在松尾社长拿下这块邻接地前，还有个有趣的插曲。最初，在这块邻接地上，开有一家快餐店。松尾社长很早之前就和土地主人 A 先生商量："在那家店移走后，请把地租给我。"但是，A 先生的回复是"NO"。理由是"他只租给上市企业"。

不久之后，快餐店便关门了。得知这一消息并将此视为机会的松尾社长，再次去和 A 先生交涉。结果，他的回复还是"NO"——据说土地主人是一个"无论去求多少次，都坚持只租给上市企业"的顽固者。

后来，事情有了转机。环境整理工作的开展给松尾社长带来了好运。

松尾社长说："几天后，A 先生来拜访我。我以为他上门是来训斥我的，便做好了准备。结果，从他嘴中说出的却是'请你租那块地'。之前一直坚持说只租给上市企业的他，居然改变了主意。而且，他连保证金都不要。"

每天早上，松尾社长都打扫包括展示场场外区域（周边的道路）在内的卫生。据说，在得知这一点后，A 先生的妻子曾劝 A 先生说："每天都能将周围打扫得干干净净的人，现在已绝无仅有。那家公司，值得信赖。所以还是把地租给他为好。"

　　松尾社长说："每天早上，我就像'爱出门的叔叔^①'一样努力打扫卫生。多亏我养成了整顿环境的习惯，我才能租到那块地。"

　　之后，松尾社长舍弃了社长室，增设了升降机。这些都是环境整理工作中的其中一环。

　　松尾社长说："喜欢做环境整理工作的员工，一个人都没有。他们都是硬着头皮做。但是，让员工做他们讨厌的事，可以让员工变得温顺。员工一变得温顺，公司的氛围就会变好。公司的氛围一变好，员工的笑脸就会增加。员工的笑脸一增加，听顾客说'谢谢'的次数就会增多。我的目标是，让公司成为**能收到很多'谢谢'的公司**。为此，我们必须坚持不懈地整顿环境。我认为**环境整理是经营的一切**。"

---

① 爱出门的叔叔是在赤冢不二夫的漫画作品《天才傻鹏》中登场的人物，每次他都以穿着和服、拿着一把扫帚的形象出场。——译者注

06 Big Motor

....

（山口县）汽车销售行业

台风过后，恢复营业仅花了 3 天时间

★销售额达到 1500 亿日元以上（2014 年度的预计销售额）

★创下 6 万 6000 辆的销售业绩（全日本第一）

★一年购入 12 万辆汽车

Big Motor 株式会社（兼重宏行社长（62 岁）/ 员工 1650 名 / 总社：山口县岩国市），是一家在日本全国拥有 130 家店铺的汽车销售公司。

它销售各种品牌的新车、二手车，能为顾客提供包括售后服务（检查、整修、车检等）在内的一站式服务。

其旗下拥有上市公司 Hanaten 株式会社（米仓晃起社长 / 总社：大阪府大阪市），拥有**一年内购入 12 万辆、销售 6 万 6000 辆**的耀人成绩。其销售数量，**在日本排名第一**。

2007 年，Big Motor 的销售额（全集团）是 571 亿日元，2012 年是 1051 亿日元。预计 2014 **年将突破 1500 亿日元（经常利润 90 亿日元）**。

正如我在第 1 章中所述，在台风过后，Big Motor 总社的展示车

辆因泡入水中而被全部毁坏。Big Motor 之所以**在损失两亿日元的情况下还能在 3 天后重新恢复营业**，是因为通过开展环境整理工作，"整理、整顿、清洁"的意识已深深扎根于每个员工的心中。如果他们没有培育出"每天打扫""万众一心""团结一致"的文化氛围，他们就无法这么早重新恢复营业。

2014 年 7 月，Big Motor 的汽车注册数量约为 9800 辆。大家可能认为做汽车销售的公司"必须拥有很多库存"。其实，并非如此。因为 Big Motor 既是购入方，也是销售方，所以他们能调整库存量。

开展环境整理工作，是一种**为让工作更容易开展而改变机制**的行为。

过去，Big Motor 存在这种资金浪费现象：将买入的车放在拍卖会上卖，在拍卖会上购买向外零售的车。

后来，他们改变了做法，将运营机制调整为**"自己整顿、销售买入的车的机制"**。因为按照这种做法，无需麻烦其他公司，所以能节省成本。而且，只要使用全国的销售网，就能卖出车。而这么做的结果是，收益有显著的提升。

兼重社长说："在此之前，我们一直在拍卖会上进货。而这有流通量的限制。竞争对手之所以致力于汽车的零售，是因为他们自购自销。后来，我们也想这么做。2012 年 4 月，我们改变了经营模式。收益也随之发生了巨大变化。"

据兼重社长说，在 Big Motor，展示车的周转也很快，一般 1 周内便能卖出，几乎没有保留 60 天以上的时候。

Big Motor 的环境整理检查，在销售店和购车专门店分开开展。

兼重社长在销售店开展环境整理检查，而购车专门店的检查则由以专务董事为中心的其他团队负责。

由于光销售店全国就有 34 家（预定在 2014 年度增加 12 家店铺），所以即使只开展环境整理检查，也需要花费很多时间。

兼重社长说："**每月有一半时间花在环境整理检查上**。我的工作就是制作经营计划书、开展环境整理检查、将小山社长的《增补改订版 工作能人的心得》读给员工听。虽然环境整理检查工作很花费时间，但还是由社长来做比较好。因为社长可以通过检查了解'现场'。"

如果仅仅想知道公司的"数字"，便没有必要特意奔赴现场。只要在总社打开电脑即可。但是，光知道数字，你并无法了解"现场的氛围"。因此，兼重社长坚持亲自去现场开展检查工作。

兼重社长说："现场不会说谎。一到店铺，我就能马上知道'某某员工很努力，某某员工不够努力，某某员工还是调到别的部门为好'。也是因为这个原因，每次开展环境整理检查，我都会下**人事调动的内部指示**。和其他公司相比，我们公司的人事调动确实多一些。"

兼重社长对员工培训工作也很热心，迄今为止，他已让很多员工参加武藏野的"干部实践塾"和"销售培训"。

但是，另一方面，他也一直认为"人的成长不能光靠培训"。

兼重社长说："人的成长绝对不能光靠培训。我觉得，想让员工成长，除了传授知识和诀窍外，还应'**给予他们机会，让他们去实践**'——这很重要。因此，我们公司的人事调动很频繁。如果总是不断地提拔人，不断地让他们去实践——不看年龄、经验、工作年数——他们自然会成长。我一直相信，如果能通过开展环境整理工作**打造好组织的根基**，即使不做额外的劳务管理工作，员工也能不断成长。"

07　滋贺大发贩卖

· ·

（滋贺县）汽车销售行业

在连续两次失败后，获得"日本经营品质奖"

★包揽以销售公司为对象的所有奖项（准综合表彰、CS优秀奖、新车连续目标达成奖）

★环境整理→员工的察觉力的提升→CS的提升

滋贺大发贩卖株式会社（后藤敬一社长（56岁）/主要业务人员419名/总社：滋贺县栗东市），是一家于1954年成立（创立60年）、主要销售大发车并提供售后服务的汽车经销公司。

2014年1月，在"全国大发销售公司代表及部门领导会议"上，滋贺大发贩卖获得仅次于销售公司的最高奖的"准综合表彰"。此外，它还曾获得"CS（顾客满意度）优秀奖""新车连续目标达成奖"。

特别值得一提的是，2013年，它首次获得"日本经营品质奖（大规模部门）"。

滋贺大发贩卖，是一家有很强的改进欲望的公司。

2010年10月，我曾参观滋贺大发贩卖的栗东店。当时，所有展示车都朝向公路一侧。于是，我向负责人提出："为了让在展示厅的顾客也能看到展示车，不如将展示车的朝向调整一下？"他们马上作出了调整：交错摆放朝向公路的车和朝向展示厅的车。

后藤社长是那种乍一看很温和，实际上很执拗的人。当然，我说他"执拗"，是从肯定他的角度说的。

滋贺大发贩卖，曾于 2011 年和 2012 年两度申请"日本经营品质奖"，但两次都落选了。后藤社长说："因为我们无可救药，所以被审查员批得体无完肤。"尽管如此，他们依然发起了第 3 次挑战。

后藤社长说："也有干部员工提出，'就算要再次挑战，也应隔几年，可以在学习学习后再挑战。'我的回答是'马上改进'。如果就此放弃。就得从头开始做起。好不容易走到了这一步，要趁这个势头再试一年……"

之所以 400 多名员工都能执行社长发出的"再次挑战"的决定，很大程度是因为通过开展环境整理工作，大家已上下一心。

滋贺大发贩卖是一个具有很高的扫除意识的公司。他们在开展环境整理工作前，就有员工在"滋贺扫除学习会①"中担任事务长。

他们推进"环境整理扎根项目"的速度也很快。他们能快速推进，我想是因为他们通过参加"滋贺扫除学习会"，已让"自发扫除文化"扎下了根吧！很多公司，如果不行使强制力，就无法让环境整理意识在员工的心中扎下根。而滋贺大发贩卖与它们稍稍有些不同。

后藤社长说："在致力于环境整理工作前，我们已开始在公司内部开展一些扫除工作。但是，我们没有设立像'环境整理检查'一样的'检查环节'。我觉得，开展环境整理工作，并**让 PDCA 中的 C 运作起来**，也是我们公司的一大变化。"

---

① 一种通过扫除磨练心性的学习会。——译者注

社长的工作是"下决定"与"检查"。据后藤社长说，在开展"环境整理检查"前，他们公司在运营中只开展 PDCA 中的 P 和 D 这两个环节的工作。

后藤社长说："我决定'做这个'后，员工就会回答'是'。但是，他们仅仅是口头上答应了，并没有实际行动。即使我引入新东西，也无法使它扎下根，就是因为我懒于检查他们的工作。"

在开展"环境整理检查"后，员工们都产生了"因为社长亲自前来检查、打分，所以要拿高分"这种想法。

社长一要来检查工作，员工们就会想"如何做才能取得高分""如何做才能优化店内的氛围""为了让顾客开心，自己能做什么"等问题。渐渐地，员工们的"察觉力"和"感性思维"都得到了磨练。

后藤社长说："如果能注意到'顾客看起来很冷'，我们就会给他（她）递上一杯温水，或借他（她）一块毛毯。反之，如果注意不到'顾客看起来很冷'，就不会为顾客提供如此细致的服务。我深切地感到，正因为我们通过开展环境整理工作，提升了员工们的'察觉力'，CS（顾客满意度）才会有所提升。"

滋贺大发贩卖，将 CS 作为经营的基本支柱，为将店铺打造成让顾客觉得"来这儿真好，还想再来"的顾客主动来店型店铺而一直努力着。

他们通过构建"环境整理→员工察觉力的提升→CS 的提升"这个良性循环，建立起了以顾客为中心的经营模式。而且，正因为它建立起了以顾客为中心的经营模式，所以它才能成为**在我指导的 500 多家公司中第一个获得"日本经营品质奖"**的超优企业。

08 桥本

（北海道） 饮食行业

在开展环境整理工作后，店长候选人接连不断地出现

★店铺数从 6 增至 10

★年销售额增加 4 亿日元

★多位员工快速成长为店长候选人

桥本株式会社（桥本毅社长（53 岁）/ 员工 210 名 / 总社：北海道札幌市），是一家在札幌郊区拥有 10 家直营店铺（商号：游鹤芝麻荞麦面）的荞麦面馆。

桥本开始开展环境整理工作是在 9 年前。

桥本社长说："大约 10 年前，有人把小山社长介绍给了我。因此，我知道了'实践经营塾'的存在。我想着'花 15 万日元就能参加，就试试看吧'，便报名了。实际上，我是少看了一个零。"

据桥本社长说，因为桥本有制面工厂，所以"如果在制造部门'扔东西'，可不得了"。他们在知道我要去北海道视察后，就开始非常着急地"整理"。桥本社长说："我们有共同学习会，按规定，我要在这个会上发表公司的改进情况。一听说小山社长要来视察工厂，我就慌了。想着反正要整顿环境，不如就改装一下吧。于是，

我们开始大胆地改装室内，比如改变墙壁的颜色等。托了改装的福，工厂焕然一新，变得十分干净。干净过一次后，就不想让它再变脏，我们就是以这种心情开始做环境整理工作的。"

在桥本拉开环境整理工作的序幕后，员工们非但没有多少反抗情绪，还很享受整顿环境的过程。有时，有的员工甚至会主动提建议说："这么做，如何？"以热调料汁的手提锅为例。桥本的手提锅，闪闪发光。我也曾去桥本亲眼确认这一点，而我看到的结果是，**他们用了很多年的手提锅，像"镜子"一样明亮。**

在某个店长决定将锅擦亮并开始实践后，其他店长也开始纷纷效仿。他们曾因擦得过狠而将手提锅擦出一个窟窿。桥本社长说："看到把锅擦到那个程度，我着实吃了一惊。"

桥本社长说："起初，我觉得没有必要将手提锅擦到那个程度。但是，一看到锅干净得能映出人的脸，大家就很开心。"

桥本按照环境整理的分数给店铺排名次，获得第一名的店铺，可以获得奖金。与此同时，因为如果一直排在末尾，这家店铺的员工就容易失去干劲，所以为了不让某个店铺一直倒数第一，桥本社长想出了一个办法。其具体做法是，在开展环境整理检查时，**让上次排名最后的店铺派出一人与检查人员一起检查各家店铺**。比如，在上次的"环境整理检查"中，如果"A店"是排名最后的店铺，就让A店的其中一人参与评分。

桥本社长说："让排名最后的店铺派人与我们一起检查各家店铺，是为了**让他们认识到'为什么自家店铺分数这么低'**。当然，也让他们评分。我对他们说：'为了让自己店铺得第一，你们可以随便打分，可以不断给其他店铺找毛病。'但实际上，他们找不出毛病。因为排名最后的店铺的员工，感性思维并不强。换言之，他们注意不到哪里有问题。"

于是，桥本社长就告诉他们："如果不看这些地方，是不行的。"而且，如果他们在现场发现了什么，桥本社长就会**让他们当场给自家店铺打电话**。桥本社长说："在检查期间，我让他们通过电话向自家店铺的全体人员报告'社长检查了哪些地方、常务董事看了哪些地方、今天集中检查了哪些地方'。让他们报告，其实就是提前告诉他们考题。因为上次排名最后的店铺，我们放在最后检查，所以在我们到达之前，他们可以重点整顿'社长今天会检查的地方'。我以这种方式让排名最后的店铺下次不再倒数第一。"

此外，桥本还将"接待顾客的地方（大厅）"和"不是接待顾客的地方（后院）"分开检查。"接待顾客的地方"，重视"**清洁工作**"，而"不是接待顾客的地方"，则重视"**整理整顿工作**"。

桥本社长说："我们在经营饮食店的时候，在顾客面前追求效率，不一定能给自己加分。虽然'让制作荞麦面的速度再快一秒'也是件重要的事，但有时候，给顾客展示我们认真制作的姿态，更能让顾客开心。由于**有时候接待顾客的地方不用太注重效率**，所以我让大厅和后院的检查重点有所不同。"

在开始整顿环境前，桥本只有 6 家店铺。而如今，桥本已经拥有 10 家店铺。而且年销售额也大约增加了 4 亿日元。在"5 年内倒闭 80%"的饮食业，桥本如磐石般屹立不倒。桥本社长曾说："我们之所以能提升销售额，是因为我们通过开展环境整理工作，培育出了很多能担当大任的人才。"这应该是桥本社长的真实心声吧！

09　园部

. . . .

（福岛县）饮食行业

让消防署的检查员都甚为惊讶的"卫生管理"的秘密

★成功实现女兼职员工的战斗力化

★彻底开展卫生管理工作

★工作的规范化使品质管理更易开展

园部有限公司（园部幸平社长（56 岁）/ 员工 42 名 / 总店：福岛县东白川郡），是一家在福岛县拥有两家荞麦面小酒馆（幸世庵 / 茅之器）的公司。

园部于 2009 年引入"环境整理扎根项目"。

由于他们从 11 点开始营业，所以从 10 点 30 分到 10 点 45 分的这 **15 分钟是他们开展环境整理工作的时间**。不过，园部也有与其他公司不同的地方：他们规定，如果有顾客预约在周末办法事或喜庆事，这一天可以不用整顿环境。

这是因为一要办法事或喜庆事，就会出现酒席安排等不同于平时的工作项目（没有法事或喜庆事的时候，周末也开展环境整理工作）。当员工们知道"这个周末要办法事或喜庆事，会忙得没空整顿环境"，就会在周一到周五这段时间里，努力整顿环境。

园部有 42 名员工。其中，**女员工占了七成**。园部社长考虑到"无论在哪家饮食店，兼职员工都是主力"，便以兼职员工为中心开展环境整理工作。

武藏野一直对经营协助会员说："请让员工边聊天边整顿环境。"

这是为什么呢？因为增加沟通的**次数**，是件重要的事。比起一年只聊一次，一次聊 12 小时，每天聊 15 分钟更能增加彼此的亲近感。而且，女人比男人还更爱聊天。因此，让女员工开展环境整理工作的诀窍是，让她们知道这段时间是**可以开心聊天的时间**、**可以闲聊的时间**。

园部社长说："正如小山社长所言，在最开始的时候，兼职员工觉得闲聊比擦窗户更开心。但是，不可思议的是，在我规定'必须把规定的物品放在规定的位置'后，她们就产生了'想把这儿擦得更干净'的想法。在没有规定'必须把规定的物品放在规定的位置'前，大家只选'能轻松整顿的地方'整顿。比如，如果是窗户高的地方，她们会因嫌麻烦而不去清扫，而如果是窗户较低的地方，她们会因手够得着而去清扫。但**在清楚规定应清扫哪儿后，她们的意识就发生了改变**。"

在一直持续开展环境整理工作后，兼职员工开始主动提出"扫一下这里，可以吗""规定将这个放在这里，怎么样"等建议。因此，公司在卫生管理方面也发生了巨大的变化。

园部社长说："兼职员工开始纷纷提意见，比如'想让厨房的侧槽不发出臭味，就应清扫此处''如果油附着在排气管上，清理起来就很困难，为了不让油附着上，我们每天都擦擦排气管吧'，等等。"

据说，曾有兼职员工对辞职的正式员工说："你去其他地方就会发现，像我们这样整顿环境的荞麦面馆，没有第二家。到时候，你可要回来啊！"或许对于兼职员工而言，收拾得如此干净的园部，是很容易开展工作的地方吧！

采取把规定的东西放在规定的位置的卫生管理法，也能有效控制食物中毒事件的发生。

据说，消防署的检查员来园部检查的时候，曾以十分惊讶的语气说道：

"**我们从未见过打扫得如此干净的厨房。一般，这个地方和那个地方，都会被油熏得脏兮兮的，但你们店却很干净。真厉害！**"

园部社长说："一彻底实践把规定的东西放在规定的位置的卫生管理法，工作就会逐渐规范化。如果没有规定将什么物品放在什么位置，你一对他们说'请打扫一下店外'，他们就会问：'扫帚在哪里？畚箕在哪里？'而如果他们总是把规定的物品放在规定的位置，下达指令的一方也能轻松地开展工作。说得极端一点，**如果用照片和插图使工作内容'可视化'，即使是不懂日语的外国人来这里工作，也能顺利开展工作。**"

在园部，不是"工作跟着人走"，而是"**人跟着工作走**"。

园部社长说："即使是很难的事，只要将它拆开，就能轻松做好它。即使是很复杂的方程式，只要将它拆开细看，就会发现它是由加法或减法等谁都会用的算式构成的。如果大家明白这一点，就能让工作变得越来越简单，把环境整理工作做得越来越彻底。比如，规定是'架子上应放3箱厕所纸巾'，如果现在只有两箱，无论谁，都会主动订货。工作也是如此，如果为每项工作都制定规定，**无论谁做，都能作出相同的成绩。"**

园部社长说，他从不让员工做只有某个人才能做好的工作。因此，在他们公司，无论开展具体操作的是谁，都能做出品质相同的食物，都能把卫生管理工作做得一样好。

10　宫川商店

···

（东京都）饮食行业

通过开展环境整理工作，把店铺变成一大旺店

★大型地产开发商发出"去他们楼盘开店"的邀请

★顾客排成长队争先购买的人气烤鸡肉串店

★业内的革命发起人

宫川商店有限公司（星浩司社长（43岁）/员工60名/总社：东京都千代田区），是一家于1949年创业的公司。刚创业时，它是一家鸡肉批发店，如今，它以**"宫川烤鸡肉串店"**为名新设店铺、开展经营活动。

从全国采购经过精挑细选的鸡肉的宫川商店，一直为能制作出深受顾客喜爱的食谱而努力着。它作为人气旺店，在口碑网上也拥有很高的评价。

星社长在大型饮料公司工作13年后，决定回老家继承烤鸡肉串店。当时，老家的烤鸡肉串店，即使捧着说，也不能说它是能挣钱的店。

之后，星社长陷入了必须偿还**数亿日元借款**的窘境中。最后，他通过卖店偿还了所有借款。这个经历让他深深明白了一点：**社**

长无知等同于犯罪。

星社长从很早开始就有"当社长"的想法，因此从白领时代开始，他一直学习如何经营。他一直认为，只要他回老家，老家的烤鸡肉串店的业绩就会变好。

但是，摆在他面前的是残酷的现实。星社长说："如果我不是一个无知的人，就应该能想出即使不卖店也能偿还借款的方法。我在白领时代学的东西，只不过是纸上空谈。如果身为社长却不懂'如何做才能当好社长'，无论是员工，还是家人，都会流落街头。这么想的我，于无意中在书店看到了《早晨花30分钟扫除，让公司变成能挣钱的公司》这本书。在我看到封皮的那个瞬间，我就坚信'这本书能救我'。"

在看完书后，星社长马上引进了"环境整理扎根项目"，并开始着手改善店铺的状况。

星社长说："环境整理，很容易被人误解为它是一门与改善、效率、清洁有关的技术，实际上它是**经营的根本**。在状况得到改善后，将余出来的时间，花在受顾客欢迎的服务上，并借此来提升销售额，才是大事。在开展环境整理工作后，我们公司便有更多的时间向赞同我们开展环境整理工作的农户采购特别食材。而这些采购回来的特别食材，正在为客户满意度和销售额的提升作出贡献。"

以前，宫川商店既没有"日程表"，也没有"定位管理法"。因此，星社长总能反复听到不同员工的同一个提问，如"接下来做什么""它在哪里"等。但是，现在已不同于从前，现在的宫川商店，在推进环境整理工作的同时，还用计步器记录**"1天的步数"**。如果这次的步数比上次多，员工就要想想步数增多的原因。此外，他们还用秒表测量操作的时间，讨论"如何做可以在上啤酒时比昨天快5秒"。

尽可能多地削减一步、一秒、一个工序、一个关节、一次提问，是星社长的想法。

星社长说："我常常思考，如何做可以缩短一秒、减少一步，如何做可以消除多余的动作，如何保持即使不问别人也能行的状态。"

以前，他们将原材料放在后院中保管。后来，他们用计步器测量后发现，将原材料放在后院，他们每天要多走400步。于是，他们将规则改为"将原材料逐个放在厨房内部的架子上，每次用完一些，便进一次货"。如此一来，原材料便不再有损耗。

此外，他们还以"葡萄酒瓶配高脚杯""烧酒配烧酒杯"的方式**成套保管酒和酒器**。如此一来，顾客一点酒，就能马上拿出酒和酒杯。通过提升工作效率腾出来的时间，他们都花在了顾客的服务上——让员工减少没用的动作，不仅能促进服务质量的提升，还能促进工作环境的改善。

星社长说："开展环境整理工作的好处在于，它让公司自动形成了'每个员工做出自己的成果并得到领导的认可→员工的热情感染顾客→公司的业绩有所提升'这个良性循环，让公司的管理方式变为了**自下而上的管理方式**。我想强调的是，如果大家主动致力于环境整理工作并享受创造成果的过程，真的可以给公司带来很大的效益。"

在饮食行业，饮食公司往往因"劳动时间长"而无法确保人才供给。因此，星社长将"让宫川商店成为日本饮食行业工作时间最短的店"视为新挑战，发表了"白色企业宣言"（每周休 2.5 天 /23 点准时关门），为确保人才供给而一直努力着。

在他们开展环境整理工作前，即在业务还未被整理的时候，从早上 8 点到晚上 10 点，员工们都没有休息时间。但现在，他们已有"完全停止工作的休息时间"。此外，为了让全体员工在工作量有所增加的情况下也能"按时结束工作"，宫川商店正在推进具体作业的环境整理工作。

星社长说："如果即使是如 1 张报纸大小的地方，也将它收拾干净，大家就能注意到干净的地方和脏的地方的差别。换言之，**擦地板与磨练自己的感性思维是一样的。我觉得，如果员工没有判断'干净与否''心情好坏'的能力，任何行业的公司都不可能开花结果。**"

在越来越多的饮食店倒闭的时候，"宫川烤鸡肉串店"却呈现出每天座无虚席的繁盛之态。现在，连大型办公楼的出租人都主动邀请星社长去他们的大楼开店。只因为"宫川烤鸡肉串店"有很强的集客力。

星社长说："达尔文在《进化论》中说，适者生存。经营不也是如此吗？我一直认为，经营是一门'适应环境的技术'。我觉得也可以将经营行业称为**环境适应行业**。暴龙因无法适应环境而灭绝，而小山社长因拥有无论处于什么环境都能坚强生存下去的技术而成为强者。让小山社长成为强者的这门技术就是环境整理。"

11 Lovely Queen

（岐阜县）服装制造销售行业

通过设定"5S 日"，大幅度提升改善度

★采取"每月某个周六花 90 分钟"与"每天早上花 15 分钟"的环境整理方式

★处理了用 9 辆荷载量为 4 吨的卡车才能装下的非必需品

★通过授予"环境整理检查奖"，让员工提出积极的改善建议

总社位于岐阜县的 Lovely Queen 株式会社（井上真典社长（42岁）/ 员工 1150 名 / 总社：岐阜县岐阜市），于 2003 年开始开展环境整理工作。

因为库存较多，所以 Lovely Queen 先从"清除不需要的东西"做起。

井上社长说："最开始我们做的工作是扔架子。为了扔掉架子，必须先扔掉文件。我们先将我们需要的文件和可以扔掉的文件区分开，将文件约减少至三分之一，然后处理了架子。我们大约扔了用 **9 辆荷载量为 4 吨的卡车才能装下的物品**。如果当时我们没有扔掉架子，估计现在公司内部还是乱得一塌糊涂。"

当时，Lovely Queen 拥有"文件是用来查找的"这种文化氛围。

　　但是，现在，"查找文件是在浪费时间"的文化氛围已扎根于公司。因为工作中需要用到文件也尽量用数据进行管理，所以如今销售员持有的文件，用 1 个 A4 透明档案盒就能装下。

　　井上社长说："我们在彻底整理后，扔了不少文件，但小山社长依然说，'还有很多。再减少一些文件。特别是与会计事务有关的文件。'"

　　一扔掉架子，墙壁就露了出来。因此，他们在看贴在墙上的墙布时，就能清楚地区分"被香烟的烟熏黄的地方"和"没被熏黄的地方（之前摆放架子的地方）"。

　　于是，员工们主动对社长说："这里太脏了，我们将墙布重新贴一下吧！"

　　井上社长说："我觉得，正因为是他们自己贴的，所以他们会格外爱惜。他们会产生'好不容易才弄干净的，今后不要再弄脏了''在公司内部推进禁烟工作吧''以后不要在这个房间吸烟了'等想法。因为环境整理工作只以'眼睛看得见的东西'为整顿对象，所以**变化很容易看到。员工们拼命打扫，也是因为他们的打扫成果很容易衡量。**"

　　Lovely Queen 除了**每天早上花** 15 **分钟**（8 点 45 分～9 点）整顿环境外，还将**每月的其中一个周六设为"5S 日"**（5S: **整理、整顿、清扫、清洁、素养**），在这一天花 90 分钟开展环境整理工作。

　　井上社长说："在这一天，上午我们开各部门及各项目的会议，从傍晚开始开展环境整理工作。将整顿时间选在傍晚有两个理由。其一，**大家不想在开会前流汗。**如果是在会议结束后整顿环境，大家就会想'之后就回家了，即使出汗也没关系'，所以哪怕是清理水沟的工作，大家也会开心地做。但是，如果接下来有会议，大家就不愿意清理水沟。其二，为了**让大家专心整顿环境**。如果在开会前整顿环境，他们就会因心里想着开会的事而无法全心全意地整顿环境。而这样的结果是，他们会在某个地方偷懒。因此，我决定在会议结束后整顿环境。"

Lovely Queen 在"**5S 日**"的下一周周一开展"环境整理检查"。在"5S 日"之后开展环境整理检查，也有井上社长的用意。

在 Lovely Queen，他们每 3 个月合计一次"环境整理检查"的分数，并按照分数排名给名列前三的团队颁发"**环境整理检查奖**"——第一名 5000 日元，第二名 3000 日元，第三名 2000 日元（×人数）。无论哪个部门，都应该收拾得闪闪发亮，所以如果没有除此之外的 +α（**改善建议等），就无法领取奖金。**

井上社长说："即使每天早上都花 15 分钟勤勤恳恳地打扫卫生，也还是没有足够的时间将改善建议变为具体的形式。但是，如果利用这 90 分钟，就能做新事情。持有'想要钱'这个不纯想法的员工，**在每天早上的 15 分钟里什么也不做，只在周六的 90 分钟里做扫除工作。**而且，他们总有很多想法。不过，这种员工比什么也不做的员工、连每月一次的 90 分钟整顿活动都不参加的员工，好多了。通过向小山社长学习，我认识到了**将 0 变成 1 的重要性。**"

Lovely Queen 的员工，常常边问自己"是否只留下了工作必需品，能否扔掉非必需品"，边致力于物品的整理工作（整理 = 舍弃）。

井上社长说："在照搬矢岛先生（武藏野专务董事）的做法后，我意识到：**我们只能整理'眼睛看得见的东西'。**不会整理'眼睛看得见的东西'的公司，也不会'整理'工作、'整理'人员。因此，今后我也想继续彻底整理'眼睛看得见的东西'。"

　　Lovely Queen 是一家制作服装的公司，库存很容易增加。所以，如果他们能开展有效的整理工作，以避免服装做得过多，他们的业绩估计还能更上一层楼。虽然 Lovely Queen 因 2014 年 4 月的消费税提升而深受打击，但只要继续开展环境整理工作，就一定能东山再起。

12 岛袋

....

（冲绳县）批发行业

从 12 亿到 7 亿，库存减少 40%！销售额增加 40%

★库存金额从 12 亿日元减少至 7 亿日元

★年销售额从 70 亿日元增加至 100 亿日元

★社员培训得到强化

岛袋株式会社（岛袋盛市郎社长（41 岁）/ 员工 160 名 / 总社：冲绳县浦添市），是一家在冲绳县内批售建筑小五金、电动工具、农具等商品的公司。

从库存数量及种类来看，岛袋名列冲绳县第一——岛袋经营的商品多达两万多件。

除了批发外，岛袋在关西区域，还以"岛公司"为名零售小五金、工具。

虽然岛袋大约在 1 年前才引入"环境整理扎根项目"，但在三四年前，他们就已主动开始开展整理工作。将**价值 12 亿日元的库存减少 40%（即减少至 7 亿日元）**，便是岛袋社长的功劳。

岛袋社长说："起初，员工不扔东西，只有身为社长的我扔东西。即使我极力主张'这个空间放这些东西属于浪费，把不需要的东西扔了吧'或告诉他们'整理东西，能促进销售额的增长'，他们也不想把东西扔掉。只有3成员工理解'扔东西的意义'，**剩下的7成员工都持反对态度**。于是，我给了他们一段**犹豫期**，告诉他们'在哪天哪天前，请将这个架子清空'。"

那么，他们能在这段犹豫期里扔掉不需要的东西吗？答案是否定的。员工们坚持说"这个商品目录5年才发行1次，我不想扔"等之类的话，并坚决不扔东西。

于是，岛袋社长只要采取强硬手段：社长在周日这天亲自去公司，"将商品目录等东西通通扔掉"。

岛袋社长还动手整理了库存。最开始的情况是这样的：岛袋社长想要处理滞销商品（几乎没有销量的商品），但采购负责人因"不想为此负责"而不想将滞销商品扔掉。于是，岛袋社长也给了他一段**犹豫期**，告诉他："在某月某日，我会进仓库检查，在这一天之前，请将滞销商品挪走。"

岛袋社长说："1年内只卖出1个的商品，有100个之多。想要将它们全部卖出，要花100年。即便如此，负责人还是说'这东西好卖'。虽然本人明明知道进错货了，但他又怕被要求为此负责，所以他坚持说'这东西好卖'。既然如此，我就只能出面将它们处理了……"

岛袋社长的感觉是，随着库存的减少，不仅仓库的过道变宽了，**员工也变得开朗了**。

因为在此之前，仓库里到处摆放着商品，所以每次找商品都要费一些力气。据员工说，有时他们会不小心将脚踩在商品上，或因没推好搬运车而撞上商品。

现在，他们将最畅销的商品放在离仓库门近的地方，将最不畅销的商品放在离仓库门最远的地方。如此一来，便提升了员工在仓库工作的效率。

岛袋社长说："在此之前，无论是畅销商品还是滞销商品，都胡乱摆在架子上。后来我意识到我们应增加畅销商品的正面摆放数量。我们的仓库是一栋占地面积为 2000 坪[①]、总建筑面积为 2700 坪的三层楼建筑[②]。我按建筑小五金、作业工具、建筑资材等类别将商品放在不同区域中保管。"

岛袋社长，在处理滞销商品的同时，还负责商品采购的管理工作。他让销售额与采购量保持正比例关系（如果以让采购量与销售额保持正比例关系的方式管理采购，就能提升商品的周转率），如果销售额有所增加，就相应地增加采购量——如果销售额有所增加，而采购量却与前一年持平，公司就会缺货。此外，他还规定"销售额的 82% 一定要用于采购"，如果过剩库存有所增加，就降低这个比率。

为了提升订货业务的准确度，岛袋社长还使用信息技术调整订货的次数。

假设之前岛袋每月向供货商 A 公司进货 1 次，每次走采购流程需花费 6 小时。

如果能利用信息技术将时间缩短为 3 小时，那么"每月 1 次"

---

① 1 坪 ≈ 3.3 ㎡。——译者注

② 出于防火防灾及优化居住环境的考虑，日本规定，每栋建筑应留出 20%~70% 的面积作为空地。该建筑将 1100 坪作为空地，因此三层的总建筑面积为 2700 坪。——译者注

的订货业务就可以增至"每月两次"。如此一来，公司就没有必要多存一个月的库存。而且，如果能通过增加订货次数改变采购量，还能提高资金周转效率。

岛袋社长说："虽然现在**库存已从 12 亿日元减至 7 亿日元（减少了 40%），年销售额已从 70 亿日元增至 100 亿日元（增加了 40%）**，但我觉得，只要改变采购方法，公司就能进一步增加销售额。更关键的是，在开展环境整理工作后，公司的气氛变得很欢快。小山社长曾说'看不见变化的变化，没必要去改变'，从这个意义上说，我的改变是必要的，因为我看员工们都有了很好的变化。"

如果员工舍不得扔抽屉里的东西，可以将桌子换成"没有抽屉的桌子"，或将办公室改造成"无固定工位的办公室"（员工没有个人办公桌的办公室）。不过，岛袋社长没这么做，他让员工们亲手扔掉旧东西，并将放旧东西的地方打扫干净。这是为什么呢？因为这样做，大家能更容易看到变化。

13 M'S YOU

···

（冈山县）娱乐行业

销售额连续 50 个月多于上年同期

★有的店铺，销售额连续 50 个月多于上年同期

★处理了用 70 辆荷载量为 4 吨的卡车才能装下的不良库存

★下发"环境整理报纸"，让所有店铺共享信息

M'S YOU 株式会社（松田高志社长（54 岁）/ 员工 368 名 / 总社：冈山县冈山市），是一家采取连锁经营模式经营钢球游戏店（8 家店铺）的公司。

大约 10 年前，松田社长开始开展环境整理工作。环境整理工作一般从"扔东西"开始做起。虽然"扔东西"是最有效果的整顿方法，但它也是最难的。人们往往会因为心中有"真可惜""哪天或许还能用到"等想法而怎么也下不了手。在这一点上，松田社长做得很干脆。他花 **900 万日元处理了用 70 辆荷载量为 4 吨的卡车才能装下的不良库存**。大家注意了，他不是扔掉价值为 900 万日元的库存，而是**光扔库存就花了 900 万日元**。

松田社长说，一想到要支出 900 万日元，他也曾迷茫过，但一想到通过处理不良库存，可以在决算时增加特别折旧的比率，进而

压缩利润，大幅度减少税额，他就不再动摇了。

松田社长说："小山社长在《请为你的公司创造"挣钱的机制"》这本书中提到：虽然全国中小企业的社长都在非常努力地学习，而且他们常常将他们学到的东西用于公司中，但社长也是最先放弃他们学到的东西的人。我在看到这句话时，吃了一惊，心想'我可别被说中了啊！'于是，为了不让自己半途而废，每次开展环境整理检查，我都对员工说，**'我发誓，只要我活着，我就会一直持续不断地推进环境整理工作。'**

有一次，某位干部员工对我说，'我之前一直认为，社长您开展环境整理工作，至多一两年，一两年后，你就会放弃了。我们能将环境整理工作做到今天，是因为社长的干劲已感染了所有人吧！'

听他说完后，我意识到'下属是会一直盯着社长看的'。我认为，正因为制定规则的我没有打破规则，所以我才能让环境整理意识渗透到公司的各个角落。我感觉，这几年，无论是想法的整顿，还是信息的整顿，都在不断进步中。"

据说，在对员工宣布"要拼命推进环境整理工作"后，松田社长**没有得过感冒。**

松田社长说："如果社长不跑在前头，就没有人会跟着你。因此，即使我有些头痛，也坚持开展环境整理检查。一般情况下，我的头痛病，只要吃药，就能治好。只有在银行不把钱借给我的时候，我的头痛病，即使吃药也治不好。一开始整顿环境，社长就会亲自到现场、亲自做一些工作。可以说，**环境整理，也是一种让社长动起来的机制。**"

在 M'S YOU，他们将发放**"环境整理报纸"**作为信息整顿工作的一个重要部分。

在每期报纸上，他们都会刊载四五个提交自不同店铺的好主意（改善建议）。待报纸下发后，社长会从这些好主意中选出1个让所有店铺实践。久而久之，所有店铺**学习其他店铺的优点的机制，便形成了。**

比如，他们采用的是"为了提高给更衣室的柜子上锁的意识，将写有钥匙的锁法的纸贴在墙上"这个主意，那么如果有的店铺在下个月开展环境整理工作时没有贴这张纸，该店铺就会获得最低的评价——C评价。

此外，松田社长还模仿武藏野举办"参观学习活动"。所谓"参观学习活动"，即武藏野为让全体成员拥有相同的价值观而让正式员工、兼职员工分成数组参观所有营业点的一种活动。这是一种让员工通过视察营业点了解"武藏野发生了什么变化""哪个营业点做了哪些努力，取得了何种成果"的机制。

松田社长模仿了我们的做法，让各个店铺派出两名兼职员工参加参观学习活动。

松田社长说："一让他们参加参观学习活动，他们就能意识到'这家店的客人有所增加，是因为他们做了这件事'，并产生'我们也引进这种做法吧'的想法。如此一来，成功的方法就能被迅速应用到各个地方。"

据由日本生产性本部[①]发行的《2013年娱乐白皮书》显示，玩钢球游戏的人正在大幅度减少。玩钢球游戏的人，20年前有近

---

① 日本生产性本部：日本产业经济省直属的特别财团法人。——译者注

3000 万，如今却只有 1100 万。也就是说，有近三分之一的人——以年轻人为主——正在远离钢球游戏。

尽管钢球游戏行业呈现出不断缩小的趋势，但 M'S YOU 的顾客数量却正在不断增加中——在 M'S YOU，甚至有**销售额连续 50 个月多于上年同期的店铺**。而促使顾客数量不断增长的，正是环境整理工作的全面开展。

松田社长说："在钢球游戏店，招待客人和引入新机器都是件重要的事。但是，更重要的是，让顾客赢得赏球。如果没有赏球出现，顾客就不会再光顾本店。如果能降低成本，提高每个人的经营效率，即使让顾客赢得赏球，也能盈利。直截了当地说，我们是**为让我们店多出一些赏球而开展环境整理工作**。"

14　Parlor Grand Advance

···

（香川县）娱乐行业

通过提升兼职员工的战斗力，让销售额增加 1.5 倍

★销售额提升 1.5 倍

★实现年轻的兼职员工的战斗力化

★以 2026 年成为业界第一为目标

Parlor Grand Advance 株式会社（平山刚社长（52 岁）/ 员工 540 名 / 总社：香川县高松市），是一家以德岛县、香川县为中心经营游戏设施（拥有 14 家钢球游戏店）的公司。

2007 年，Parlor Grand Advance 的销售额减少了一半，但不可思议的是，它没有破产。被逼入困境中的平山社长，将环境整理术视为救命稻草，从 2007 年开始开展环境整理工作。

平山社长说："2007 年，小山社长曾让我与他一起参加 M'S YOU 的'环境整理检查'。虽然当时我连'环境整理'这个词都不知道，但我觉得'他们做得很好'。因为一打开抽屉，就能看到，无论是订书器、尺子，还是剪子、圆珠笔，都被放在了规定的位置。"

虽然平山社长觉得'他们做得很好'，但对是否应该这么做，他有几分怀疑。因为他并不知道为什么要将文具摆放整齐。

平山社长说："从清扫美化这一角度来考虑，这么做确实不是件坏事。但是，我不知道这么做的意义。因为我觉得，如果有做这些事的闲余时间，还不如把时间花在更重要的事上。"

为什么每天早上都要做扫除工作？为什么必须规定物品的摆放场所？做了这些事，难道就能提升公司的业绩吗……很多社长都持有这些疑问。而且，他们对环境整理工作还持否定态度，不是觉得"即使做了这些事，也没有意义"，就是"不想做这么麻烦的事"。因此，他们的公司都挣不了钱。

一如既往地做相同的事，只能让公司保持现状。能保持现状，或许还是不错的结果吧！如果一直不闻不问，公司就会被逼入无法挽救的困境中。想提升业绩，必须接受变化。

后来，平山社长选择了"做出改变"。

平山社长说："我花了半年时间才下定决心。我还曾和干部讨论'我们是否能做''大家是否有干劲'等问题。其实，当时销售业绩已跌入谷底，如果再不改变，经营状况就会越来越差。因此，我便开始做类似于环境整顿的工作。首先，我决定将'客用厕所打造成全日本最干净的厕所'。想着既然做了，就应该给它取个名字，我便给它取名为'clean quest'。一年后，我才开始接受武藏野的指导。"

如果将兼职员工包含在内，Parlor Grand Advance 一共有 540 名员工。他们的平均年龄很小。因此，让他们养成做环境整理工作的习惯，并不是件简单的事。平山社长说："因为如果每天都做，就会养成习惯，所以一不做，他们就会觉得缺点什么。久而久之，'不要再扔烟头，不要再随地扔垃圾'的意识，就会在他们的心中慢慢生根发芽。但是，他们并不会因此而一年 365 天，天天全身心地投入到环境整理工作中。就像小山社长说的那样，我觉得他们是在硬着头皮干。因为环境整理工作与评价、工资息息相关，所以他们不得不做。但是，我觉得他们以这种状态工作就挺好。"

平山社长认为："**你不用心做也可以，你硬着头皮做也行。**"他的这种想法，其他社长或许可以作为参考。

Parlor Grand Advance 的"环境整理检查表"，不只有"○"和"×"这两种打分符号——打分时，检查人员可以在"2分（○）""1分（△）""0分（×）"中做选择。

他们规定，"环境整理检查"，董事们每年必须参加4次，店长们每年必须参加两次，普通员工每年必须参加1次。

他们设置"1分"这个选择项，是为了关照普通员工。因为普通员工每年只检查1次，难以发现变化。而且，有的员工会因对领导和其他店有所顾忌而不敢打"×"。我想，设有"1分"，即"△"这个选择项，普通员工应该更容易作出评价吧（店长以上的人不可打"1分"。如果确实应评价为"×"，就应打"×"）！

虽然于2007年减半的销售额，现在还未恢复到先前水平，但自从他们**开展环境整理工作后，销售额已变为**2007**年时的**1.5**倍。**平山社长的目标是：在2026年前，将公司发展为在钢球游戏行业名列**日本第一**的公司。

其具体的战略是，将店铺增至150家，并将其中100家打造成全区机器运转率最高的店。关于具体做法，平山社长想"每20万人口设1家店铺""将全国分成20个区域""每个区域设立分店"。支撑这个目标的是"人"，而将**人才培育置于重要地位**的正是环境整理。

15　本村装订

··

（埼玉县）印刷行业

通过整顿环境，投诉减至三分之一

★ 17 年间销售额增至 10 倍

★顾客新增 40 ~ 50 家

★投诉减至三分之一

本村装订株式会社（本村真作社长（50 岁）/员工 160 名/总社：埼玉县朝霞市），是一家制作印刷物、出版物的装订公司。

在印刷公司、装订公司因受印刷出版业长期不景气的影响而接二连三地破产之时，本村装订，17 年间已将**销售额提升至 10 倍**。本村装订是一家挑战欲望很强的公司，它曾开发出代替迄今为止的鞍式装订^①的反鞍式装订（表面看不见铁丝的装订方法）。

本村装订于 2000 年开始开展环境整理工作。心想"区区一个扫除怎么能提升销售额呢"的本村社长，起初对环境整理工作的效果持半信半疑的态度。

本村社长说："仔细想想，扫除应该在工作时间之外进行吧！

---

① 　鞍式装订：即骑马钉，是书本装订的一种方法，动作如跨上马背。——译者注

因为在我看来，在工作开始前结束扫除工作，到了工作时间，马上投入工作中，才是正常的做法。但是，小山社长不这样想。他的做法是：**强制员工在工作时间里整顿环境**。采取小山社长的做法后，我也曾遭到员工的反抗，后来**大约有 1 成员工辞职**。"

一有多达 10% 的员工辞职，社长就容易在"继续"和"放弃"间徘徊。但本村的决定是"GO"。

本村社长说："坦白地说，做环境整理工作，我本人也十分累。'环境整理检查'是我所有工作中最麻烦的。虽然检查所有区域，为每个部门打分，既累又无趣，但我必须做这项工作。"

本村社长之所以想让环境整理工作在公司扎下根来，有一个重要理由：通过整顿环境，可以实现**"零投诉"**。

本村装订，是于 1999 年**第一个取得 ISO9001 认证**的位于**日本东部地区**的装订公司。ISO9001 是质量管理和质量保证技术委员会制定的国际标准。

但是，即使按照 ISO9001 的作业标准操作，投诉也没有减少。而一开展"5S 运动"，投诉就减少了三分之二。不过，"5S 运动"是在工作时间以外的时间开展的，是自愿行为。既然是自愿行为，社长就不能命令不参与其中的员工"快做"。

于是，本村社长决定从"5S"转向环境整理。

本村社长说："因为如果是在工作时间里整顿环境，就能让全体成员参与其中，所以我就能让员工彻底贯彻我关于整理整顿的想法。"

过去，本村装订拥有三个装订工厂。我觉得"三个太多了"，便向本村社长提议道："如果业绩不好，快撤掉其中一个。"

而本村社长的回复是："两个工厂运转不过来。"于是，我接着提议道："**那可以在晚上加班啊！**"

现在，本村装订连晚上也开动机器（以经营协助会员**鹤见造纸**的运行机制为参考）。

如果让装订线 24 小时保持运转状态，就能处理顾客的突发情况（如要求重印、重新装订或晚交稿等）。据本村社长说，在开始提供"**超级特快！** 24 **小时快速装订**"的服务后，本村装订**增加了四五十家顾客**。

"超级特快！ 24 小时快速装订"，是一项提前在装订线上安好"特快框架"，以应对顾客的紧急需求的服务。由于厂长亲自负责接听电话，所以一有紧急需求，就可以当场作出决定。

这项服务的收费，比普通单价**贵** 2.5 **倍**。尽管如此，订货者还是络绎不绝。印刷出版业，是一个重视信用的行业。出版杂志等定期刊物的出版者，不能对发行商说："本期印错了，请延期发售。"所以，为了赶上交货期，他们往往不会在意单价。而这也是本村装订"能赚到钱"的原因所在。

此外，本村装订还提供小批量印制服务。

本村社长说："在业务繁忙期，无论哪家装订公司，都不愿接小批量的订单。为此，我们也接小批量的订单。在接的同时，我们还会建议他们购买全年的服务。或许我们是**本行业第一个**提出这种建议的公司吧！"

我一直认为，本村装订之所以能提供"超级特快！ 24 小时快速装订"的服务和小批量服务，是因为"他们开展环境整理工作的力度很大"。其理由有两个：

其一，因为**他们整理（舍弃）了一个工厂**；其二，因为**他们调整了作业时间**。让原本只在白天运转的工厂"在晚上也运转"的这个决定，与整顿的想法是相通的。

环境整理，不同于扫除。环境整理的基本要求是"**舍弃没用的物品（整理）、思考余下物品的使用方法（整顿）**"。本村社长清楚地知道这一点。因此，他们公司能为顾客提供对手公司无法效仿的服务。

16 日昭工业

· ·

（东京都）制造行业

前去赔礼道歉，却带回来一个价值 1 亿的单子

★ 10 年间销售额约提升 8 倍

★ 过去 6 年，新员工零离职

★ 公司内部人与人之间的沟通，畅通无阻

日昭工业株式会社（久保宽一社长（57 岁）/员工65名/总社：东京都青梅市），是一家以制造铁路车辆专用变压器（transformer）为主业的公司。

在雷曼兄弟破产后的2009年，日昭工业的销售额减少了一半。后来，借着新兴国家要完善交通设施的机会，日昭工业实现了销售额的高增长。10 年前，它还是一家年销售额只有两亿日元的公司。而**现在**，它的销售额已**大约增加 8 倍**。

久保社长于 2004 年开始致力于环境整理工作。

久保社长说："小山社长的书，我全看了。他的书写得'好极了'，我觉得能读到他的书是我的幸运。因为书中写了很多武藏野的整顿诀窍。在意识到'只要按照书中所写的做，就能挣钱'后，我开始按照书本介绍的方法整顿环境。但是，打扫了 3 年半，也没

让公司挣到钱。于是，我只好请武藏野为我提供指导。"

久保社长没有"挣到钱"，是因为他没有理解环境整理的**原理原则**。

久保社长只知道"只要扫除，就能挣钱"，并不知道为什么要开展环境整理工作。

久保社长并没有理解"整顿环境是为了**让工作更容易开展**"这一点。

我在访问日昭工业时，感觉他们的扫除工作确实做得很好。

但是，他们并没有将每部分衔接成一个整体：他们既没有遵循PDCA循环，让扫除与评价挂钩，也没有通过开展扫除工作加强员工的感性思维培训。

仅仅扫除并不能改变公司。

久保社长说："在得到小山社长的指导后，公司开始慢慢发生改变。虽然销售额没有快速提升，**但成果确实在一点一点地显现**。我的感觉是，当我们缩短寻找东西的时间、移动的时间，不做任何徒劳无益的事后，小成果就开始累积成大成果。"

日昭工厂建于1932年。像日昭工厂这样用木柱作为支撑的工厂，眼下已寥寥无几。虽然从外表上看，日昭工厂已"一把年纪"，但其内部被擦得非常干净。久保社长的想法——**工厂是体现日昭工业的精神的展厅**——已被彻底"可视化"。

久保社长说："如果展厅一副乱七八糟的样子，有人可能就会认为'这家公司是家随便的公司'。因此，即使外表看起来很破，我也要让内部看起来闪闪发亮。有时候，只要让顾客看看我们这个既明亮又干净的工厂，他们就会把工作交给我们。因为他们觉得，'收拾得如此干净的公司，值得信赖'。"

久保社长经常自信地说："做同样的产品，我们**只需花其他公**

司的一半时间。"他们之所以能做到这一点，是因为从设计到制造、交货，都由自家员工亲自负责。此外，还有一个更重要的原因：全体员工都朝着同一个方向努力。

数年前，日昭工业曾收到来自国外顾客的投诉："日昭工业的产品出了故障，贵公司的产品出现了异常加热的现象。"在收到投诉后，日昭工业当即决定派 3 个人去赔罪道歉。于是，副社长、制造部部长和设计部部长快速赶到了现场——因为他们公司已建立起"遵从公司的决定"的文化氛围，所以他们能快速行动起来。

在对异常加热现象开展调查后，他们发现：出现异常加热现象的不是日昭工业的产品，而是其他公司的产品。

虽然最终查明并非日昭工业出了问题，但在这件事上，日昭工业让顾客看到了自己的诚意。而这么做的结果是，顾客下了一个让人意想不到的订单。

久保社长说："顾客对他们说，'我们给某某公司下了订单，但产品迟迟不来。能请日昭工业帮我们做这批产品吗？'因为在现场的都是公司的干部，所以当场就把价格和交期谈好了。**他们原本是前去赔罪道歉的，结果带回了一个价值'1 亿日元'的订单。**"

久保社长曾说："在开展环境整理工作后，物品变齐整了，但变得最齐整的是人心。大家**能在一个破工厂开心地工作**，是环境整理的功劳。"

过去 6 年，应届毕业生无一人离职。在这个"3 年内每 3 位大学毕业生中就有 1 人辞职"的时代，这是个很高的扎根率。这是社长与员工沟通顺畅的最有力证明吧！

17 东伸

······································

（岐阜县）制造行业

只有改变自己，才能满足顾客的需求

★与代表日本的超一流企业交易

★凭借强大的技术力增收增益

★让税务专员持有不看账本就回去的信赖感

东伸株式会社（藤吉繁子社长（77 岁）/ 员工 82 名 / 总社：岐阜县大垣市），是生产切割机、重绕机的顶级厂家。

简单地说，所谓切割机、重绕机，即工业上用来裁剪和包装的机器。虽然制造业已将重心移向东南亚，如今日本国内的制造业面临着严峻的挑战，但东伸凭借其强大的技术力和提案力，一直让自身处于**增收增益**的状态。

东伸从 2003 年开始开展环境整理工作。

在极盛时代，东伸的年销售额高达 25 亿日元。2002 年，东伸因销售额减少一半而出现了**创业以来的首次赤字**。之后，东伸通过努力推进"工厂的展厅化"，让业绩有所恢复。藤吉社长认为，他们在做环境整理工作之前和之后的最大变化是**顾客**。

在做环境整理工作之前，东伸的顾客，以中小企业为主。而现在，则以**代表日本的大企业为主**。据说，银行的融资负责人，在知道东伸的顾客都是超一流企业后，都十分吃惊。

但是，并不是说顾客都是大企业就能马上提升销售额。实际上，非但没有提升销售额，还出现了相反的效果。

东伸陷入了顾客的品质有所上升但销售额没有增加的进退两难的境地中。

其问题出在品质水准上。大企业所追求的机器的工作精度，远远高于中小企业。但东伸却一直按照以前的技术水准生产机器。

藤吉社长说："大企业的要求高。即使给他们供应与之前相同的机器，他们也不满意。因为他们经常投诉，我们总是要返工，所以我们无利可赚。我知道我们必须提升水准，但这不是能马上做到的事。因此，当时我很苦恼，一度想逃走。"

"顾客发生了变化"，即意味着"自己也需要发生变化"。为了提升品质，为了让自己发生变化，为了能与大企业势均力敌，藤吉社长边不断摸索，边一点点地提高企业的实力。

藤吉社长深深地意识到："之所以无论返工多少次，我们都能成功解决问题，是因为我们有环境整理这个武器。"大家通过整顿环境加强了彼此之间的沟通。而这样的结果是，工厂部门和设计部门的合作变得更为融洽。

藤吉社长说："虽说每天早上，工厂部门的员工只需做扫除工作，但工厂的面积很大，光靠他们，并无法将它打扫干净。因此，**每周营业部、设计部等事务型部门的员工都会去工厂 1 次，帮工厂部门的员工整顿环境**。虽然擦机器会让自己沾满油，但他们仍然坚持与工厂部门的员工一起擦机器。如此一来，**工厂部门的员工就会**

感谢事务型部门的员工。通常，如果设计部门的人出错，工厂部门的人就会生气，心想'都是因为你，我们才要返工'。我们公司，过去也这样，但现在不这样了。工厂部门的人对前来帮忙的设计部门的员工一直怀有感恩之情。因为互助的意识已在彼此的心里生根发芽，所以当设计需要修改时，对方会欣然答应，并尽力配合。"

在开展环境整理工作后，公司内部员工的沟通变得更紧密了。而这样的结果是，即使顾客要求返工，员工们也没有抵触情绪。可以说，东伸能生产出符合大企业要求的机器，就是因为他们开展了**"互助型环境整理工作"**。

7年前，在《早晨花30分钟扫除，让公司变成能挣钱的公司》开始发行的时候，东伸因担心"将环境整理的成果分数化，有的员工会觉得不舒坦"而没有实施"环境整理检查"。现在，**员工主动每月开展1次"环境整理检查"**（藤吉社长不参与检查）。

藤吉社长说："因为他们觉得我不可靠，所以他们没有和我打招呼便开始开展检查工作。或许我夸自家员工并不妥当，但他们确实个个都是认真敬业的好员工。"

东伸的工厂一尘不染。因为他们一直在做整理整顿工作，所以即使掉了一个小螺钉，他们也能马上发现。

据说，有一次，**税务局负责人前来调查税务，结果没看账本就回去了**。他说："这么干净的公司不可能少申报税额。"

东伸每年都申请在武藏野举办的公司参观学习会中成为被参观的对象。因为藤吉社长认为："**以请人来参观的方式让员工接受刺激或得到表扬，可以提高员工的工作积极性。**"

18 山崎文荣堂

（东京都）零售行业

销售额急速增加的秘密

★ 4 年间，在涩谷区的市场占有率从 9% 提升至 39%

★ 7 年间，年销售额从 25 亿日元提升至 48 亿日元

★ 搬家仅花了 90 分钟

山崎文荣堂株式会社（山崎登社长（46 岁）/ 员工 40 名 / 总社：东京都涩谷区），是一家以明日达服务（办公用品的送货上门服务）为中心、为办公室工作效率的提升提建议、做推动工作的公司。

山崎文荣堂曾作为东京西部地区的顶级销售店，获得"明日达代理人奖"。此外，电视节目《寒武纪宫殿》（东京电视台）曾以"经营每况愈下的文具店在与明日达联合后，销售额提升 37 倍"为主题报道山崎文荣堂。

2007 年，山崎文荣堂拥有 28 名员工，年销售额约为 25 亿日元。现在，它拥有 40 名员工，**年销售额为 48 亿日元**。员工数量没有增加很多，但年销售额有大幅度的增加。

山崎社长认为，这是因为**他们通过开展环境整理工作，让工作速度和沟通状况得到了改善**。

虽然山崎文荣堂早在 2001 年就开始开展环境整理工作，但直到 2008 年，他们才引入"环境整理扎根项目"，并决定"从零开始做起"。

山崎社长说："在引入'环境整理扎根项目'之前，我都是按照自己的想法做。我曾尝试做过很多事，但都半途而废了。比如原本说'要擦地板'，看有地毯铺着，就不擦了。于是，我决定模仿彻底开展环境整理工作的武藏野。我们换上了材质和武藏野相同的地板，买了和武藏野一样的桌子。"

在引入"环境整理扎根项目"后，山崎文荣堂整理出了**用 7 辆荷载量为 2 吨的卡车才能装下的物品**。据山崎社长说，起初员工们还舍不得将这些物品扔掉。

山崎社长说："有的员工一直认为'不可扔东西，如果扔东西，会被社长训斥'。因此，**在扔东西前，必须先让员工扔掉他们的'成见'**。如果社长带头说'快扔，快扔'，员工在意识到'即使扔了，也不会被训斥'后，就能放心地扔东西。我觉得，现在，我们公司已形成扔东西的文化氛围。因为公司里没有多余的东西，所以我们**搬家只需 90 分钟**。"

也经营收纳用品的明日达，在此之前，一直以"商品销售"为中心。但现在，它前往顾客的办公室，为顾客提供**"文件的整理法"**等建议的机会，正在不断增多。

在山崎文荣堂，"文件整理设计师"（文件信息管理资格）的考取率高达 87%。这个考取率，是**业内最高**的。

正因为员工们都亲自彻底开展整理整顿工作，所以他们才能提建议说"像这样整理整顿，怎么样"。其实，通过开展环境整理工作，"**员工的工作方式**"也发生了变化。

山崎社长说："在开始整顿环境前，顾客常常提出'希望能免费送货''希望能打折'等要求。但现在，顾客的要求已发生变化，他们常常提的是'希望给我们提供文件的整理法等方面的建议''我们有困难，希望能教教我们'等要求。"

山崎社长不仅在整顿环境时，制作领地地图，决定"今天由谁擦哪块地方"，还在销售活动中，明确规定各个员工的领地。

以前，全国各地，无论哪儿有工作，山崎文荣堂都会派人前往。在意识到这样做很没有效率后，他们遵照兰彻斯特的集中战斗法则（弱者的法则），即"**限定地区，增加这些地区的访问次数**"，将商圈锁定为总社的所在地——涩谷区——对在涩谷区的约 2 万家公司逐一开展调查工作。

山崎社长说："首先，我们有必要充分了解对手公司和自家公司的战斗力。因此，我们决定逐一调查这些公司。因为如果他们误认为我们是上门推销产品的，就会提防我们，所以我们以'调查'的名义开展工作。而且，我们只问他们'用哪个牌子的办公用品'。"

山崎社长说，在限定区域后，他们不仅可以**快速采取应对措施**，还能**增加访问次数**。此外，山崎社长还将因住宅较多而不能开展调查的代代木上原附近区域定为"**非访问区域**"。

山崎社长说："因为只要访问三四次，顾客就会对销售员怀有亲近感，所以顾客就会产生'要不请那个销售员帮忙吧'的想法。因为在整顿环境时，我们总是反复擦同一个地方，所以这个地方会被擦得闪闪发亮。人与人的相处也是如此。正因为反复见了很多次，所以我们能注意到顾客的变化。"

2009 年，山崎文荣堂在涩谷区内的市场占有率仅有 9%。但到了 2013 年，他们已将在涩谷区的市场占有率提升至 39%。

在涩谷区，山崎文荣堂有很多竞争对手。在竞争非常激烈的区域，**拥有 39% 的市场占有率，**可以说是个**奇迹**吧！

19 名古屋眼镜

（爱知县）零售行业

通过开学习会，让员工从"理解"变为"掌握"

★ 由"环境整理队"开展改善强化工作

★ 从 21 年前开始积极录用应届毕业生

★ 积极为当地作贡献

名古屋眼镜株式会社（小林成年社长（49岁）/员工61名/总社：爱知县名古屋市），是一家以护目镜（眼镜、隐形眼镜等）为中心开展企划、开发、进口等业务的厂商＆供应商。

每天，名古屋眼镜从早上 8 点 40 分开始，花 15 分钟整顿环境。因为 8 点 40 分是必须开始动手的时间，所以 8 点 37 分左右，计时器的铃声就会响起。

不过，当有特别的客人光临，或其他公司前来考察时，他们就会将这一天定为"环境整理强化日"（或将这一周定为环境整理强化周），在 8 点 30 分～8 点 55 分间开展长达 25 分钟的环境整理工作。

小林社长于 2002 年引入环境整理术。在经过多次摸索、终于觉得"快要扎下根"之时，发生了一件让小林社长瞬间醒悟的事。

2007 年，有位新入职的女员工问小林社长这么一句话：

"小林先生，可以不整顿环境吗？"

当时，小林社长正在自己的桌子周围开展环境整理工作。而这位新员工却对此视而不见。

小林社长说："听她说完，我的第一反应是'啊，她竟然不知道我在做什么！这样可不行！'于是，第二天，我开始赤手打扫厕所。当然，现在我也每天在公司打扫卫生。现在，无论哪个员工，都知道'环境整理工作真的很重要'。"

名古屋眼镜的"环境整理检查"，由小林社长和四五名员工负责实施。**在检查开始前的** 30 **分**，举办让随行干部（科长以上）担任讲师的**环境整理学习会**，也是小林社长的主意。

小林社长说："让员工参加'实践干部塾'（武藏野的干部培养项目）后，如果没给他们提供输出知识的机会，他们就会很快忘记他们学到的东西。因此，我决定为他们提供输出知识的机会。'环境整理实施计划扎根学习会'，每3年举办1次，他们只在学习会中复习相关知识。所以，如果我每月为他们提供1次讲解'环境整理检查'的机会，就可以增加复习的次数。只要学习，他们便能理解。但是，要想让他们从'理解'变为'掌握'，让他们亲自讲解，更有效果。

如果他们理解了'环境整理的重要性'，那么，无论是检查者还是被检查者，他们的意识都会发生改变。如果在不知道理由的情况下被人打'×'，无论谁，都会生气吧！而如果他们理解了**整顿环境的目的**，就能坦然地接受检查结果。"

在我看来，名古屋眼镜的"环境整理检查"很严格。我曾看过他们的检查板，检查板上几乎没有满分。

小林社长说："一打满分，员工就会骄傲，因此我们评得很严。

大家都非常气愤。不过，因为无论哪个地方都看不见灰尘，十分干净，所以你也很难在检查板上找到'×'。当然，我不可能故意刁难员工。有的员工在我们开展'环境整理检查'的1周前主动将这1周设为'强化周'，提前将四周打扫干净。尽管我知道他们很努力，但我还是评得很严。正因为评得严，他们才能一直处于高水平的状态。"

名古屋眼镜，从21年前开始努力录用应届毕业生。和中途加入公司的员工相比，应届毕业生的价值观更容易与社长达成一致。因为名古屋眼镜开始整顿环境之时，正是第一批应届生成为中坚力量的时候，所以小林社长刚决定'开展环境整理工作'，员工就马上开始行动了。

小林社长说："我效仿小山社长，让内定者为社长（我）拎包。因为在拎包的期间，他就知道了环境整理工作是怎么一回事，所以认为'自己做不到'的学生，不会进入我们公司。此外，因为被公司录用的都是认为'做扫除工作是理所当然的事'的人，所以在进入公司后，他们也不会抱怨说'我不应该做这些事'。"

名古屋眼镜拥有一支由9名员工组成的**"环境整理队"**。

名古屋眼镜以这个被小山社长称为"事业活动的原点"的团队为核心力量，开展各种各样的活动，如制定 BCP 对策①、开展地区清扫活动、给瓶盖收集推进协会提供协助等。每年年底，名古屋眼镜都会举办"捣年糕大会"。其目的是，通过邀请当地人参加，加深名古屋眼镜与当地人的联系。

名古屋眼镜能举办这类活动，也是因为全体员工都持有较高的环境整理意识吧！

---

① 紧急时企业存续计划、业务连续性计划。——译者注

20　广岛瓦斯高田贩卖

（广岛县）石油液化气销售行业

通过改变业务结构，让公司获得长远发展

★外观和车底都很干净的营业车

★因提供"生活支援服务"而获得好评

★建立了顾客可用积分兑换所有服务的积分制度

广岛瓦斯高田贩卖株式会社（住吉峰男社长（52岁）/员工48名/总社：广岛县安艺高田市），是一家以销售石油液化气为主业、提供扎根于地区的新型服务的公司。

广岛瓦斯高田贩卖在**"营业车的环境整理"**上花的精力最多。

虽然武藏野的营业车也很干净，但还是赶不上广岛瓦斯高田贩卖。两者的水平完全不同。加油站的员工看到前来加油的广岛瓦斯高田贩卖的营业车，曾惊讶地说道：

"我从没有见过如此干净的营业车。它绝对是本地区NO.1！"

加油站员工每天看过的车，多达几十辆。即使是用他们专业的眼光来看，这个公司的营业车也显得很特别。其实，除了车的外观外，连车底都十分干净的营业车，除了在这家公司，我也从未见过。

住吉社长说："5年前，我觉得车只要不是很脏就行。不过，

因为我还想让车变得更干净一点，所以在开展'环境整理检查'时，哪里有脏地方，我就会贴上一张写有'这里很脏'的浮签。有一天，有个 50 多岁的员工突然打开发动机罩，说'请看看引擎室'。我往里一看，吃了一惊。因为里面实在太干净了。身边的员工也发出'哇～了不起～'的赞叹声。"

不久之后，大家争着擦营业车。擦完后，他们会主动请住吉社长检查，对住吉社长说"请看看挡泥板内侧""请看看空调吹风口的内部""请看看门折页的螺丝"等。

住吉社长说："在员工们开始争先恐后地擦车后，车的清洁工作就进入了 PDCA 循环模式。因为车的清洁工作比环境整理检查表上规定的做得还要好，所以后来我决定增加检查项目。每次谁把某个地方擦得很干净，就会有一项新项目增加。当新增'坐席的里侧是否干净'这一项时，我觉得很不可思议，心想'这怎么检查啊'。而员工却高兴地告诉我，'用镜子检查！'"

在广岛瓦斯高田贩卖，"营业车的环境整理"，每 4 周开展 3 次。每位销售员都精心擦他们各自负责的车。

住吉社长说："待结束工作、回到公司后，他们会花两个小时将车擦干净。以前是周三做扫除工作，周四检查。现在是每个小组分别在周一、周二、周三做扫除工作，我们在周二、周三、周四检查。调整成这样，是因为在 PDCA 开始循环后，我们发现'让各小组在不同日子开展扫除工作，更有效率'。"

现在，广岛瓦斯高田贩卖也正在积极提供"生活支援服务"[①]。

---

① 综合警备保障公司的家庭安全业务、热销商品的销售及配送、清洁业务、大和运输公司的配送代理等。——译者注

在本行业的发展空间变得越来越小时，公司该如何发展？答案是，为顾客提供**"生活支援服务"**。

现在的石油液化气行业，已不同于过去。现在，公司员工几乎不与顾客见面。即使顾客不在家，也能检查煤气表、配送煤气。收款也是通过银行转账。虽然他们嘴上说着"想重视与当地人的联系"，但实际上他们见不着顾客。

住吉社长说："认为与当地人联系紧密的只有我们，在顾客看来，我们与他们的联系一点儿都不紧密。"

于是，住吉社长决定改变业务构造。他放弃了只依赖于家庭专用能源业务（石油液化气）的经营方式。

住吉社长说："想要增强与当地人的联系，除了卖石油液化气外，还可以提供其他服务。通过开展清扫业务、当大和运输公司的配送代理，可以增加与顾客面对面接触的次数。因为一开展这些业务，我们就需要去顾客家接订单，或将货物送到顾客的家中。在与顾客建立起密切的联系后，顾客就会买我们的石油液化气。"

拥有**顾客可用积分兑换所有服务的积分制度**，也是该公司的强项。

广岛瓦斯高田贩卖的积分制度是这样一种制度：公司为以银行转账的方式支付煤气费的顾客返还积分，而这些积分可以用来购买家电、煤气器具或支付翻新、施工、维修、生活支援服务的费用。因为广岛瓦斯高田贩卖同时开展多个业务，所以它可以为顾客提供全方位服务。

21　Toseki

（东京都）石油液化气销售行业

在开展环境整理工作后，应届生的离职率大幅度减少

★30 岁，柳慎太郎便当上了社长

★通过强化销售力，连续 3 年增加新顾客

★开展建筑业务

Toseki 株式会社（柳慎太郎社长（34 岁）/员工 75 名/总社：东京都足立区），是一家以销售石油液化气为主业、于 1967 年成立的公司。

Toseki 的母体企业是在石油液化气领域拥有屈指可数的销售量的 Yanagi 株式会社。除了销售石油液化气以外，Toseki 还通过销售家庭煤气、开展建筑业务，满足顾客的各种需求。

柳慎太郎社长，是该公司的第三代社长。曾在其他公司积累销售经验的他，26 岁便被任命为 Toseki 的副社长，30 **岁便当上了社长**。

在武藏野的经营协助会员中，他是**最年轻的社长**。

Toseki 从 2008 年开始整顿环境。柳社长将开展环境整理工作视为他们公司的改革之始。

柳社长说：“一扔掉东西，外观就发生了改变。外观一发生改

变，员工就会注意到'公司正在发生改变'。刚开始整顿环境时，我们公司也有员工辞职。但是，我一点儿都不着急。因为对我而言，让留下来的员工'整顿环境'，是更重要的事。"

柳社长在"做法的统一"上最为操心。比如就是打扫厕所这种事，员工的做法也不尽相同：既有只擦马桶外侧的人，也有连内侧都擦得很干净的人；既有光着手擦的人，也有戴着手套擦的人。

柳社长说："如果每个员工都按照自己的做法打扫卫生，他们做的就不是环境整理工作。因此，我规定了具体的做法。比如在擦小便器时，他们应先卸下盖子，再用海绵擦排水沟和盖子的两边。我清楚地知道，如果没有规定做什么、如何做，他们就会做得乱七八糟。"看过员工按照他规定的方法擦小便器后，柳社长意识到"凡事下发规定，才是正确的做法"。换言之，如果你仅仅下达了"快做销售工作"的指令，每个员工就会按照各自的做法开展不够正规的销售活动。

柳社长说："如果是开店做生意，可以通过将店铺打扫干净，让顾客有所增加。如果是制造业，可以通过减少库存提升效率。但是，Toseki既不属于前者，也不属于后者。既然如此，我们能做的便是'**销售工作**'的环境整理。我必须就销售活动的开展方法，如去哪儿、用哪种工具、说什么话等，做出具体规定。"

如果让销售活动的开展规范化，就能实现服务的统一化。

此外，当销售额没有增加时，我们就能知道哪里出了问题。

柳社长说："如果访问次数不多，就必须让他们去多次。如果不擅长与顾客聊天，就必须开展角色扮演练习。因为通过让工作规范化，我能知道销售额没有增加的原因是什么，所以我便能对员工开展具体的指导。"

如果你观察过整个行业，你就会发现，石油液化气的用户正在不断减少。然而，在使用液化天然气的人和住进全电气化住宅的人越来越多之时，Toseki 却实现了**石油液化气用户的连续 3 年增长**。这是一件很棒的事情。他们之所以能不断增加新顾客，是因为他们建立了**"在规范制定好后，先检验后彻底执行"**的机制。

柳社长说："所有新顾客都是我们从对手公司争取过来的。而且，都是顾客主动说'我要换 Toseki 为我服务'。为什么他们想换呢？我觉得，是因为我们具有较强的销售力。销售力强的公司，即使和对手公司竞争，也不会失败。虽然在此之前，我们的顾客几乎全被对手公司拉走了，但现在，我们争取回来的顾客，是他们拉走的数倍。"

因为 Toseki 继承了位于足立区的老字号建筑公司——金泽建筑公司——的事业（Toseki 金泽建筑株式会社），所以目前 Toseki 除了销售石油液化气外，还开展翻新业务和建筑业务（已为 7-11 便利店等250 多家店新建店铺、改装店铺）。有了建筑公司，Toseki 就可以在新建或改装店铺时，向顾客提出"让我们为您提供石油液化气"的建议。在不久的将来，我们便可以在 Toseki 看到多个事业的协同效应。

据柳社长说，环境整理意识在员工心中扎下根后，**应届生的离职率有了大幅度的降低**。Toseki 从 2007 年便开始致力于应届毕业生的录取工作，但离职率一直居高不下。其原因是负责培养应届生的员工未能以成熟的姿态面对他们。

环境整理术的引入，不仅提升了现有员工的水平，还促进了工作的规范化。而这样的结果是，用人方知道了"员工的培育方法"。因此，员工们都不会辞职。

22 NSKK 控股

（兵库县）通讯行业

通过设立"au 店铺"，让销售额增加 9 倍

★新签合同数名列全日本第一

★年销售额为 50 亿日元，是 10 年前的 10 倍

★统一了员工们的价值观

NSKK 控股株式会社（贺川正宣会长（45 岁）/ 员工 110 名 / 总社：兵库县神户市）的贺川会长，是一个在通讯业、饮食业、化妆品业、培训业等多个行业均有出色表现的经营者。他经营的核心事业是，提供通讯服务的 NSKK 株式会社。

NSKK 株式会社主要经营"au 店铺"和"软银店铺"。在全国 2300 家 au 店铺中，其下属的"au 店铺 JR 六甲道店"，是"**新签合同数名列全日本第一（2009 年度）**"的明星店铺。

贺川会长说："我觉得即使不可能也要试试，便对员工开玩笑说'如果能成为全日本第一，就请你们喝酒'。结果，员工们各个都卯足了劲儿干。"

在这一年，"au 店铺 JR 六甲道店"的新签合同数，名列全日本第一。于是，贺川会长将"神户桑拿洗浴中心"包下，与 80 来

名员工一起喝酒庆祝（据说电视台曾报道过此事）。

为了成为全日本第一，贺川会长曾去视察上一年度夺得冠军的店铺（奈良县）。据贺川会长说，在看完这家店铺后，他很受打击。因为它竟然是一家孤独地立于一片田园之中的店铺。

在没有地理优势的情况下，它为什么还能坐上全日本第一的宝座？觉得十分不可思议的贺川社长，便向该店的经营者（A 先生）请教。

据说这位 A 先生将店铺的所有运营机制都告诉了贺川会长。贺川会长很可能成为 A 先生的竞争对手，但 A 先生还是带贺川会长参观了现场。因为 A 先生觉得"即使教了，他们也模仿不了"。

据说在此之前，曾有很多经营者前去 A 先生的店铺参观学习。但是，无论哪个经营者，都没有模仿成功。因为 A 先生的运营机制，水平太高了。

但是，贺川会长成功地做到了其他经营者无法做到的事（偷学 A 先生的运营机制），将 A 先生的运营机制原封不动地用到了自家店铺中。而且，他模仿得非常彻底：一听说 A 先生的爱好是冲浪，他便开始玩冲浪；一听说 A 先生用什么咖啡机，研磨哪种咖啡豆，他便买相同的咖啡机，研磨同种咖啡豆。

那么，为什么"au 店铺六甲道店"，能做到其他店铺做不到的事呢？

贺川会长说："这是天天整顿环境的结果。通过持续开展环境整理工作，我们已拥有一支**只要社长说'向右转'，全体员工便会马上向右转**的团队。因此，我们能模仿成功。"

据说，在成为日本第一后，A 先生还给贺川会长发来了贺词：

"各种各样的人都来我这里学过，但我一直觉得'应该没有人能学走我的经营诀窍'。然而，贺川兄你是特例。你把所有都学走了。祝贺你拿下日本第一！"

距今约 20 年前，我第一次见到贺川会长。当时，贺川会长才二十五六岁。

贺川会长说："那个时候，很想知道什么是经营的我，见了各种各样的经营者。每见到一个经营者，我都会问这个问题，'社长主要做什么工作？'但是，无论我问谁，我都得不到一个让我恍然大悟的答案。他们只会说'让资金顺利周转是社长的重要任务'等之类的话。在这个时候，我认识了小山社长，参加了他举办的学习会。小山社长给我的回答是，**'社长的工作是下决定和检验工作。'**"

贺川会长的有趣之处在于，刚见过一次就和我说："请让我在武藏野工作吧！"因为他自己也有公司，无法每天都来，所以他说："我想周一、周二、周三来武藏野工作 3 个月。"

贺川会长说："其实我是想做深入调查。因为小山社长很像独裁者，公司有好多规则，所以我对'武藏野的员工是以什么样的心情工作的'很感兴趣。在武藏野，我每天都与兼职员工一起擦地板。工作一段时间后，我发现，谁都说'上班很开心'，没有人说小山社长的坏话。于是，我意识到，**正因为规则都已定好，所以员工们如此富有生气。**"

21 世纪初期，NSKK 也曾因资金周转不畅而频临破产。但是，现在，NSKK 的**销售额已是当时的 10 倍多**，年销售额即将达到 **50亿日元**。

贺川会长说："我觉得，认为'只要将公司打扫干净，就能提升销售额'的人，并不了解环境整理术的本质。如果我们以将公司打扫干净为目的，还不如将清扫业务委托给清扫公司，这样公司会变得更干净一些。实际上，我们是想通过**让大家每天都勤勤恳恳地打扫规定的领地**这种方式，**为公司的可持续发展打好基础。**"

23　渡边住研

· ·

（埼玉县）不动产行业

通过建立 3 大改善机制，让营业利润提升 3 倍

★全年平均入住率约为 95%

★销售利润比 7 年前多 3 倍

★通过建立 3 大机制改善公司的经营状况

渡边住研株式会社（渡边毅人社长（43 岁）/ 员工 105 名 / 总社：埼玉县富士见市），是一家以东武东上线沿线地区为中心，对外出租 6000 多间出租房、与当地有紧密联系的不动产公司（渡边社长曾是武藏野的员工）。

这家也积极开展楼龄 20 多年的房子的翻新工作的公司，曾创下**全年入住率约为 95%** 的记录（2014 年 8 月末时）。

虽然它也受到了雷曼兄弟破产和东日本大地震的影响，但与 2007 年相比，它的**营业利润约增加了 3 倍**。这在难以获得利润的出租业，确实是很高的利润。

渡边住研从 2000 年开始整顿环境。它边使以下这 3 **个机制**产生连锁反应，边推进公司内部状况的改善。

①在"环境整理检查表"上列上"是否有被其他事务所模仿过

的地方"这一项

通过设立这一项，提高各事务所"模仿别人""思考与迄今为止不同的做法"的意识。

②让包括兼职员工在内的全体员工每年务必参与"环境整理检查"1 次

让他们视察所有事务所。规则是，无论是新员工还是兼职员工，每视察完一个事务所，都要写下三点自己的认识（检查者每视察完一个事务所，写一点自己的认识）

③实施"改善建议制度"

如果提出有助于改善业务的建议，每个建议给予 500 日元的奖励。与此同时，公司还会根据建议的效用大小再次发奖励（被付诸实践的建议，最多给予 4 万日元的奖励）。

无论你是正式员工，还是兼职员工，都可以提出改善建议。

渡边社长说："改善建议，**数量比质量重要**。因此，我希望他们多提建议。我还将我想花在改善建议上的钱算入了预算中。所以，如果钱有剩下，就意味着他们提的建议过少。在这种时候，我一般会在每月开 1 次的全体早会上，对他们说'建议的数量有所减少，请多提建议。'"

武藏野的员工曾参加渡边住研的"环境整理检查"。他们感觉比参加武藏野的环境整理检查还累。

其原因是，他们需要边走边检查。

参与武藏野的"环境整理检查"的人（武藏野有对经营协助会员公开武藏野现场的项目），以坐包车和电车的方式来回移动，而参与渡边住研的"环境整理检查"的人，只能以坐电车或徒步行走的方式来回移动。有时管理时间的计时员还会发出"下班电车于×点×分发车，请快跑"的指令（因为有时候需要跑步前进，所以为安全起见，参与检查的女员工不可穿高跟鞋）。

他们一共需要去7个据点，11个地方。以前，还曾有员工抱怨说："我讨厌参加'环境整理检查'。"因为环境整理工作与评价挂钩，而他们的评分直接影响评价。

如果因为自己打的分数过低而使某部门的评价下降，打分者就会内疚。尽管如此，渡边社长还是坚持认为："如果不让环境整理工作与评价挂钩，他们做的就不是环境整理工作，而是扫除工作。**正因为我们用分数束缚他们，所以扫除工作才能变为环境整理工作。**"

后来，渡边社长开始思考将"环境整理检查"变为一项让人觉得开心的工作。

渡边社长说："'环境整理检查'，从早上10点开始。如此一来，参与检查的员工当天就能与家人一起慢慢吃早餐。在检查结束后，他们可以用公司的钱吃一顿美味的午餐。预算是每人5000日元。大家可以边商量边决定今天吃什么。也有员工会直接说'我想吃池袋×××店的鳗鱼。'有一个40多岁的女兼职员工，曾边吃着3500日元的寿司边开心地和我说，'社长，我们又回到了泡沫经济时代！'"

渡边社长将环境整理工作视为"**营造公司文化（＝公司风气）的基础**"。

渡边社长说："环境整理工作，是社长将他想做的事变为现实的工具。社长只在口头上说自己的想法，很难将想法传达给员工——

有时候甚至会变成传话游戏，出现理解歪曲的情况。而开展环境整理工作就不同了。如果开展环境整理工作，只要社长说'放弃这个项目，添上这个项目'，就能以强制的方式马上改变现场状况，进而改变公司的文化。我们都很容易认为，公司的文化是很难改变的，其实并非如此。**只要改变环境整理的检查项目，我们就能改变公司的文化。"**

24　福冈 Toyo

· ·

（福冈县）住宅建材 & 不动产行业

在开展环境整理工作后，成功合并多家企业

★顺利完成企业合并

★公司文化的营造

★员工拥有共同的价值观

福冈 Toyo 株式会社（樱井信也社长（53 岁）/ 员工 60 名 / 总社：福冈县福冈市），是一家能为顾客提供包括住宅建材、装修、不动产、贷款、保险等服务在内的一站式服务的公司。

现在的福冈 Toyo 由多个公司合并而成。

1956 年，现任会长樱井正重在大牟田创办了樱井硝子店。1975 年，加盟 Tostem 株式会社，以"大牟田 Toyo 住器"为名开展法人化改革。

2010 年，接手"东云 Toyo 住器""东洋 Gulous Toyo 住器""Total Support·LINK"等 3 家公司，成立新公司——福冈 Toyo。2013 年，将"大牟田 Toyo 住器"和"福冈 Toyo"合并经营，以"福冈 Toyo 株式会社"为名开展经营活动。

在福冈 Toyo 的经营方针中，明确写着："**将'环境整理'作**

为一切活动的基本、公司的文化。"

将多个公司合并在一起，即意味着不同的文化混杂在了一起。为了消除公司之间的排斥和敌视，必须让这些公司拥有相同的价值观。对于樱井社长而言，环境整理就是让**"新价值观"在由多个公司合并而成的新公司扎下根的基础**。

在2013年成立"福冈Toyo株式会社"这个新公司，而没有将其中两家公司并入某一家公司中，是不想让"东云Toyo住器""东洋Gulous Toyo住器""Total Support·LINK"这三家公司的员工丧失积极性。因为如果让其中一家公司继续存在，被合并的公司的员工就很可能会丧失干劲。

樱井社长说："为了不让员工持有'我是合并方''我是被合并方'的想法，我将这三家公司都'转移'到了新公司。这样一来，员工就不会悲观地想'我是被合并的。'"

实际上，"让这三家公司的员工团结成一个整体的过程，并不顺利"（樱井社长）。樱井社长或将干部送到武藏野的"实践干部塾"，或举办饮酒会，一直为缩短社长和干部的距离感而努力着。而付出这么多努力的结果是，大家慢慢有了一些共同认识。

社长只让自己学习，并无法让自己的想法渗透到公司内部。如果干部不行动，公司就不会发生变化。如果社长和员工的差距不断扩大，社长就越来越难以将自己的所思所想传达给员工。因此，**如果想改变公司，就必须让干部和社长一起学习**。

在樱井社长和干部站在"同一相扑台"上一起努力后，福冈Toyo开始形成一个整体。

樱井社长说："我觉得已经过了三年，应该没问题了，就在

2013 年这一年将大牟田 Toyo 和福冈 Toyo 合在了一起。虽然实际上是大牟田 Toyo 将福冈 Toyo 合并了，但我们继续使用的公司名是福冈 Toyo。这样一来，两个公司的员工都能以平等的姿态和对方公司的员工一起工作。**要是没有环境整理术，我应该无法将多个公司合并成一体吧！**"

我第一次遇到樱井社长，是在 2006 年。

樱井社长说："阅读小山社长的著作《请打造挣钱的机制》，让我认识了小山社长。我开始还以为是船井综研的小山政彦写的。但读着读着，我就觉得有些不对劲。中途我才发现我认错了人。读完后，我为'竟然有这样的公司'而吃惊，便和弟弟一起申请参加现场参观学习会。"

之后，我开始以我的方式开展环境整理工作，但怎么也看不到成果。于是，我引入了"环境整理扎根项目"。

樱井社长说："按照教科书努力效仿武藏野的做法，果真能让改善的速度变得更快。而且，请矢岛专务董事为我们讲解'环境整理的原理原则'后，员工的干劲也被激发起来了。"

据说樱井社长刚开始说"要开展环境整理工作"时，很多员工都说："社长不是被武藏野骗了吧！"而当矢岛说完"为什么有必要整顿环境"后，员工的意识便发生了改变，他们认为："那个人（矢岛）说的有一番道理，社长并没有被骗。"

在开始实践"环境整理扎根项目"之前，员工们都是边抱怨边以急躁的心情打扫卫生。而现在，他们已大有不同，他们开始想让自己拥有一个快乐的人生。

樱井社长，从来不急于求成。在花时间打好基础，让不同公司拥有"相同文化"后，他才将多个公司合为一体。因此，他能顺利地完成合并工作。

环境整理术是营造浓厚的公司文化的手段，是培育正直的员工的好方法。当全体员工都能理解这一点的时候，福冈 Toyo 还会有更进一步的发展。

25　Sanbiru 社

·······································

（岛根县）清扫行业

在发挥女员工的力量后，被评为"日本最受重视的公司"

★ 积极发挥在员工中占 7 成的女性的力量

★ 实现兼职员工的战斗力化

★ 毛利润增加 2.5 倍

Sanbiru 株式会社（田中正彦社长（56 岁）/ 员工 1400 名 / 总社：岛根县松江市），是一家开展综合清扫工作和设备管理工作的建筑维修公司。

我于 2001 年与田中社长相遇。别看现在 Sanbiru 已获得**"日本最受重视的公司 / 大奖审查委员会特别奖"**，在社会上有很高的评价，在当时，Sanbiru 可是存在各种各样的问题的公司。

最让田中社长头疼的是，员工对公司没有感情。

据说，给员工们发印有公司名的工作服（当时的公司名是"山阴大楼服务"），员工们会故意拆掉"服务"二字的刺绣。因为他们不想让别人知道自己在"山阴大楼服务"工作。

有的女员工在将孩子放在托儿所时，在紧急联络电话这一栏不写 Sanbiru 的电话，而是写派遣地的电话。因为她不想让托儿所的人知道自己在 Sanbiru 上班。

田中社长说："假设有个人叫小 A。小 A 的孩子在托儿所发烧了。老师想要联系小 A，便打了紧急联络电话。但当老师和电话接线员说'请帮我转接小 A'，对方却回复说'没有这个人'。电话接线员肯定会回复'没有这个人'，因为小 A 不是那个公司的员工。据说在大脑出现短暂的混乱后，电话接线员就想到'小 A 或许是负责扫除的人'。为什么她会这么想呢？因为电话接线员也是 Sanbiru 的员工，她也做了和小 A 一样的事。我在知道这件事的时候，一方面为他们能联系上小 A 而感到放心，另一方面却因她们如此讨厌在我们公司上班而深受打击。"

此外，Sanbiru 还出现了"计时卡代打现象"。田中社长在检查计时卡后发现，30 名员工在 1 分钟内全离开了公司。如果这是事实的话，这就意味着，30 名员工在 1 分钟内全部打完卡。

这可能做到吗？

田中社长将现场督察员叫到眼前，问他："30 名员工是排着队打卡吗？"而田中社长得到的答案是：他们以轮流的方式让其中一个人留下来打卡，其他人都提前回家了。

于是，心想"即使冲员工发火也没有用，社长和员工间出现隔阂，是自己的责任"的田中社长，便来到武藏野向我求助。

田中社长说："第一次见到小山社长，是在京都的演讲会上。在公司出现计时卡代打现象后，我马上给武藏野打了电话，请他们允许我拜访武藏野。"

据田中社长说，当他看过武藏野的工作现场后，十分惊讶，觉得武藏野是一个"奇怪的公司"。

田中社长说："早上大家一起打扫卫生，为什么就能增加销售额，对此我完全不明白。Sanbiru 属于清扫业，擅长做扫除工作。但业绩并没有因此变好。而且，员工的心也不齐。如果只要每天早上打扫卫生，公司就能变好，那我们公司应该早就变好了啊！因此，我很惊讶，有种**被闪电击到的感觉**。"

Sanbiru 有 1400 名员工，其中 1000 **多名是女员工**。因此，田中社长以"通过让女员工参加'环境整理检查'，从女性的视角出发推进公司的改革、积极开展公司内部的评价工作"的方式，实践全员参加型经营方式。如果能让员工主动改善自己，社长和员工间的隔阂就会消除。

田中社长说："环境整理术，是一个很深奥的东西。我觉得它除了能让员工绽放自己、能提升业绩外，它还是一种**能考验社长的情绪控制力的东西**。在开始做环境整理工作时，社长**让自己持有一个坚定的想法**，是最重要的事。社长应让自己认真地对待环境整理工作，率先走到员工之中。如果社长没有很强的信念和热情，被迫开展工作的员工，是很可怜的。2001 年，我无法消除与员工的隔阂，不是因为员工不好，而是因为我的内心有些迷茫。现在，我能改变员工们的心，是因为**通过开展环境整理工作，我的心先发生了改变**。"

与 2001 年时相比，Sanbiru 的**毛利增加了 2.5 倍**。在业绩逐年下滑的清扫行业，Sanbiru 的销售额一直保持坚挺态势。Sanbiru 的业绩之所以能一直提升，是因为社长通过开展环境整理工作**成功消除了自己的迷茫**。

26　阿波罗管财

....

（东京都）清扫行业

让经常利润呈 V 字回升，仅花了 1 年时间

★ 经常利润：−2000 万日元 → +4000 万日元

★ 管理 2000 栋公寓

★ 提供独一无二的"全面生活服务"

阿波罗管财株式会社（桥本真纪夫社长（49岁）/员工980名/总社：东京都狛江市），是一家承包大楼、公寓的管理及清扫业务的建筑维修公司。

受到雷曼兄弟破产和新建公寓的销售户数的减少的影响，阿波罗管财的销售额开始不断减少。

2009 年，阿波罗管财的销售额是 18 亿日元。但到了 2012 年，销售额就降到了 16 亿日元。虽然销售额没有快速下降，但它一直在降。于是，我对桥本社长说：

"1 年内，不许来武藏野！我会把钱返给你，不许来！禁止进出武藏野！"

我这么说，并不是想对桥本社长弃而不顾，而是想让他把所有精力放在工作现场。

桥本社长说："小山社长给我提建议说，'**除了环境整理工作和饮酒会外，什么也别做。要彻底将这两件事做好。**与现场沟通好，可以恢复员工对你的信任。'中小企业既没有钱，也没有人。所以，如果不能将为数不多的资源集中在一起使用，就无法赚取利润。小山社长还告诉我，'如果总是做半途而废的事，不可能恢复销售额。'因此，我决定集中力量做好这两件事。"

被禁止进出武藏野的桥本社长，**让经常利润呈 V 字回升——将负 2000 万日元的经常利润变为 4000 万日元——仅花了 1 年时间。**

不过，销售额的提升是有"内幕"的。实际上，这个时候，阿波罗管财的销售规模并没有很大的变化。经常利润呈 V 字回升，是因为他们削减了经费。如果没有提升销售额，挣钱额实际上并没有增加。我让他们先提升经常利润，是为了**让他们向银行借钱。**

如果经常利润恢复了，银行就会信赖公司，因而公司向银行融资，便会变得容易一些。中小企业如果没有借款，就无法继续经营下去。在没有筹措到资金的时候提升销售额，只会陷入资金不足的困境中。**削减经费，可以在短时间内提升经常利润。扩大销售规模，要在向银行借钱后。**在按照这个顺序进行大刀阔斧的整顿后，阿波罗管财让销售额逐渐有了提升。

在削减的经费中，也包含人事费。削减人事费，自然会引起员工的不满。因此，饮酒会，发挥着很重要的作用。

桥本社长说："我带常务董事和科长每周喝两次以上。在喝酒时，我一告诉他们我的想法（如'今后我想做这件事''我想按照这个顺序做这些事''因此，现在，必须这么做'等），他们就理解了我的苦衷。因此，当我和他们约定'科长以上的人事费削减 10%，削减的部分将以奖金的方式返还'后，没有一个干部辞职离开。当然，我现在已把削减的部分还给他们了。"

阿波罗管财正通过采取一种名为**"全面生活服务"**的区域巡视型管理法，增加合同的签约数量。"全面生活服务"，是员工骑专用摩托车巡视由其负责的区域并开展房屋的检查和清扫工作的一项服务。现在，阿波罗管财管理着 2000 栋公寓——光东京 23 区就有 500 栋。而且，要求阿波罗管财提供服务的人正在急速增加中。这项服务，是对手公司无法模仿的独一无二的服务。

因为提供"全面生活服务"的员工，很多都是从家直接去自己负责的区域，所以他们无法开展事务所的环境整理工作。于是，公司规定，提供这项服务的负责人，要**对自己使用的摩托车开展环境整理工作。**

桥本社长说："他们就像检查人员开展车检工作一样检查摩托车。自从他们这么做后，摩托车事故减少了不少。虽然最多时，每人每天要行驶 100 千米，但他们几乎不会出事故。因为他们每天都仔细检查摩托车，所以摩托车也不会出现故障。而且，一骑上干净的摩托车，他们就会**涌现'要小心驾驶'的想法。**"

阿波罗管财，是扫除专家。我想，既然是扫除专家，他们的办公室应该被打扫得很彻底吧！实际上，却恰恰相反。

桥本社长说："说起来有些惭愧，就像医生不会保养自己的身体一样，在开展环境整理工作前，我们的办公室并不方便开展工作。我们虽然做的是派遣清扫员去清扫公寓的工作，但我们的事务所并非由员工打扫，而是请清扫员为我们打扫。也就是说，**我们虽然是扫除专家，但之前一直不亲自打扫事务所。**"

在开始开展环境整理工作后，桥本社长规定，员工们必须亲自将事务所打扫干净。据说有的女员工因对此项规定不满而辞职了——自己在清扫公司上班，却不满地说"扫除这种事，不是让清扫员做就可以了吗"。

现在，扫除专家展现出了自己的专业能力。他们在检查时，连1毫米见方的垃圾都不放过。可以说，在武藏野所有经营协助会员中，**阿波罗管财的检查工作，是做得最严的。**

27　岛商会

· ·

（福岛县）汽车回收行业

在受灾两年后，取得史上最高销售额

★ 销售额即将达到 100 亿日元

★ 95% 员工都已明确目标

★ 员工拥有相同的价值观

岛商会株式会社（岛一树社长（38 岁）/员工 207 名/总社：福岛县南相马市），是一家从事二手车和施工设备的买进、拆卸和销售等工作的汽车回收公司。

出口额占销售额的 65% 的岛商会，在即将摆脱雷曼兄弟破产的影响之时，又因遇到东日本大地震而损失严重。在地震发生后，不仅在相马市港口寄存的**出口专用施工设备全部被毁**，汽车拆卸工厂也遭遇了大海啸的侵袭。

之后，抱着"绝不解雇员工""不能让顾客等"等强烈想法的岛社长，在新泻的避难所重新开始做业务——他从位于屋内退避圈内的总社运来电脑和文件，在新泻的避难所创立了"新泻元气事务所"。

因为在避难劝告解除后，他们便可以在总社的工厂重新恢复机械作业，所以避难劝告刚解除，岛社长便带着员工回到了南相马市。结果却发现，所到之处，不是电线杆子倒了，就是围墙倒塌了，地震造成的灾害痕迹，依然很明显。

岛社长说："这个时候，在现场带头指挥的是，**在我们刚开始开展环境整理工作时反对最强烈的员工。**也就是说，是之前说'不要和我开玩笑，我怎么能做环境整理这种工作'的员工，在危急时刻调解了现场。我们之所以能**在1周时间内恢复工作环境**，是因为工厂主任岩间伸文（当时）发挥了很大的力量。"

岛社长曾当过我的"拎包人"（1天交30万日元）。关于当拎包人的感想，他在他的博客中如此写道：

"环境整理术可应用于'物品''信息''想法'等一切东西中。统一形式是环境整理工作的一部分，**通过与某人聊天让下次对话顺利开展也是环境整理工作的一部分，统一价值观**也是环境整理工作的一部分。"（摘自岛社长的博客）

在地震发生后，岛社长深切感受到："因为通过彻底开展环境整理工作，已让员工们的价值观达成一致，所以整个团队才能快速行动。"岛社长认为，**环境整理术，是让大家朝着同一方向努力的原理原则。**

岛社长说："但是，我发现我想错了。以前的我认为'统一价值观'与'将岛一树的价值观强加于人'是一回事。因此，以前我一直用强硬的语气对员工说，'我说的都是对的，请配合我！'更糟糕的是，我还曾对干部说，'你们大家都要成为像我一样的人！'不过，现在我已意识到这样想和这样说都是错的。"

岛社长曾在全体成员都参加的早会上，在大家的面前低头认错：

"让大家和我所想的保持一致的这种想法是错的。对不起！"

岛社长说："我曾在国语辞典上查'价值观'这个词。辞典上写的是'**所谓价值观，即事物的优先顺序。**'如果对'**在什么时候优先做什么**'拥有相同的想法，就可以说是'**价值观已达成一致**'吧！假设正月时节，在全家人一起吃年糕的时候，爷爷吃年糕时噎着了。如果在场的所有人都想'快叫救护车吧'，就可以说他们的价值观已达成一致。但是，如果有一个人觉得继续吃年糕比叫救护车更重要，他们的价值观就没有达成一致。这虽然是个极端的例子，但**所谓统一价值观，不就是按照相同的优先顺序行动吗**？我们应赞同《经营计划书》的方针，并对方针持有相同的想法（优先顺序），**但社长不应压制每个人的个性，应让他们自由发挥自己的个性。**"

据说，近几年，岛商会的员工的"数字意识"已变得越来越强。

据公司内部的调查结果显示，**95% 的员工对"是否已明确目标"的回答都是"YES"**。目标达成意识如此之强的公司，很少见。如果目标已明确，员工们就能主动朝着目标行动。

岛社长说："如果能将物品的环境整理变为信息的环境整理，我们就能到达想法的整理整顿这个阶段。与此同时，我们也能对工作的职责分配开展环境整理工作。如果在意识到'从这儿到这儿是自己的工作范围'后，**工作责任感和自立心能开始逐渐萌芽，就不会将错误归咎于别人了吧！**"

员工的目标达成意识变强、涌现出对数字的欲望、自立心开始萌芽……岛社长认为，这一切都是环境整理带来的恩惠。

2013 **年**，岛商会虽然遭遇了地震灾害，但依然取得了**史上最高销售额**。而且，它现在已有能力将 100 亿日元设为目标。

岛社长说："我觉得，不是环境整理存在于工作中，而是**环境整理承载着工作。**"

即使**大地因地震而摇晃，岛商会员工的信心也绝不会动摇。**

因为环境整理已为岛商会打好牢固的组织基础。

28　Ribias 社

···

（大阪府）理发美容行业

在开展"环境整理检查"后，销售额提升了 3 倍

★在国内外一共拥有 254 家店铺

★成立培育理发师和美容师的学校

★销售额提升 3 倍

Ribias 株式会社（大西昌宏社长（49 岁）/ 员工 300 名 / 总社：大阪府大阪市），是一家经营理发美容沙龙、全身美容沙龙、美甲沙龙的综合型美发美容机构。

现在，Ribias 在国内外经营 254 家店铺（直营店 85 家、特许加盟连锁店 169 家 / 截止 2014 年 9 月的数据）。它既是一家通过设立直营店和特许加盟连锁店，率先在个人经营占大部分的理发美容业实现"经营连锁化"的公司，也是一家以每年新开 40 家店铺为目标、通过增加店铺大幅度提升销售额的公司。

但是店铺一增加，就很难建立起公司和员工的一体感。于是，大西社长通过开展环境整理工作，对员工进行培训。这是 2010 年的事。

Ribias 拥有"面向女性的刮脸美容专门店——Beauty Face""睫

毛美容专门店——Beauty Eyelash" "美甲沙龙——Beauty Nail"等特许加盟连锁店。大西社长将"致力于环境整理工作"作为加盟者开设特许加盟连锁店的条件之一。

大西社长说："我觉得，既然总社和加盟店都挂着相同的牌子经营，那么我们就是命运共同体，加盟店就应该采取我们的经营机制。不过，以前，我并没有规定加盟店必须开展环境整理工作。"

实际上，大西社长这个"让加盟店引入环境整理术"的想法，具有建设性意义。

因此，我向大西社长提出了以下建议：

"我觉得，个人经营者很难参加武藏野的'实践经营塾'。所以，Ribias 可以创建协助会员制度，让个人经营者交很少的参加费，由大西社长你提供指导。"

在大西社长创建协会会员制度两年后，规定必须开展环境整理工作的加盟店和没有开展环境整理工作的加盟店，在销售额上拉开了很大的距离。

大西社长说："即便它们在销售额上拉开了差距，也只有一小部分未开展环境整理工作的店铺对环境整理有兴趣。绝大多数人的反应是，'每天早上打扫卫生？这太辛苦了！早晨开学习会？举办饮酒会？我可做不到。'"

不想做麻烦的事、说"我可做不到"的人，占绝大多数。因此，**必须强制**他们开展环境整理工作。

Ribias 规定，特许加盟连锁店的"环境整理检查"由各个店铺的经营者负责，而直营店的"环境整理检查"则由大西社长负责。由于直营店有 85 家之多，所以每次开展"环境整理检查"都需要花费很多时间。此外，因为 Ribia 在上海和香港也设有直营店，所以每次开展"环境整理检查"，大西社长都必须去一趟国外。

在 2013 年前，大西社长巡视检查所有店铺，而现在则和副社长（大西社长的妻子）分头开展检查工作。

大西社长说："我们将日本分为东日本和西日本，以'这个月我负责东日本的店铺，下个月就负责西日本的店铺'的方式，改变每月负责的区域。我和副社长的关注重点不一样，所以我觉得我俩轮流检查，对店铺来说是件好事。"

员工都不愿报告不好的事情。因此，如果放任不管，公司就会出现严重的问题。而如果由社长亲自负责"环境整理检查"，社长就能快速了解**现场的异常情况**。

大西社长说："因为店铺太多了，所以每个店铺的检查时间只有 15 分钟左右。尽管时间很短，但我还是能读懂现场的空气、感受到现场的氛围。因为如果我感觉'这个月的氛围不同于上个月'或'员工变得忧郁不安'，我就会叫来店长，问他'发生了什么'，所以我能尽快采取措施。"

"环境整理检查"，不仅能让公司内部显得井然有序，还能让公司获得**其他公司的信赖**。

为什么这么说呢？

因为 Ribias 收到了很多来自大型购物中心和百货商店的开店邀请，而他们发出邀请的原因是，**社长每个月都会来店铺视察**。

大西社长说："有时，有人会将我们公司和对手公司作比较，问我'贵公司的长处是什么'。这个时候，我都会充满自信地说'**我每个月都会去店铺视察。**'我想，在宣传店铺的品质时，说这句话是最有效果的。"

Ribias 在"培养女性刮脸师"这一领域打开了一条活路。为人刮脸需要具备理发美容师的资格，而且和男理发美容师相比，女理发美容师并没有那么多。因此，竞争对手并不多。

不过，对大西社长而言，"女理发美容师不足"是个严重的问题。如果没有女理发美容师，就无法继续增加店铺。于是，大西社长创办了**培养理发美容师的学校——Stareer Beauty College**。如今，大西社长也致力于女理发美容师的培养工作。

让大西社长作出创办学校的决定的是，"既然人才不足，就自己培养吧"这个想法。现在，和开展整顿环境工作前相比，Ribias 的**销售额提升了 3 倍**。

通过自己培养理发美容师、彻底开展环境整理工作，加快增设店铺的速度的这个战略，无疑是成功的。

29 Dr. Recella 社

（大阪府）美容行业

摇身一变，变为化妆品顶级品牌

★销售额约为 47 亿日元

★用荷载量为 2 吨和 4 吨的卡车清除库存

★通过举办"世话人集训活动"统一价值观

Dr. Recella株式会社（奥迫哲也社长（50岁）/员工160名/总社：大阪府大阪市），是一家经营化妆品和健康食品的综合型公司。

1993 年，奥迫社长在大阪府茨木市开设了一家小小的中药局。据说，开店初期，经营状态很差，即使每天营业到深夜，赚取的钱也只够支付店铺的房租。

药局的经营状况深受地理位置的影响。如果在冷清的商业街等顾客光临，就会错过商机和取胜的机会。

后来，心想"如果只经营药局就会越来越穷"的奥迫社长，开始通过上门销售健康食品提升经营利润。

通过销售健康食品，奥迫社长不仅偿还了多达 3000 万日元的借款，还赚取了用来扩大事业的 3000 万日元的投资资金。后来，他成立了主要经营外资企业生产的减肥食品和化妆品的化妆品公司——Dr. Recella 的前身。2000 **年，该公司的销售额才两亿日元。可到了 2014 年，销售额便增加到了 47 亿日元**（顺便说一下，在 Dr. Recella，他们将销售额称为"有用"）。

　　2006 年，奥迫社长将公司名改为 Dr. Recella。除了开发和销售化妆品外，Dr. Recella 还经营全身美容沙龙、诊所、教养院。据奥迫社长说，这一年，员工已增至 40 名，每个员工都精力充沛地奋战在第一线。

　　但是，在公司急速扩大后，奥迫社长的危机感也越来越重。因为公司乱得像一盘散沙（这是不经思考便增加人员的结果）：公司既没有工资体系，也没有就业规则，每次计算工资都很不细致；除了有"应根据业绩给从大公司争取过来的员工发奖金"这个规定外，什么规定也没有。

　　按常理说，即使会影响销售额的增加，也要创建公司的机制。因为如果不创建公司的机制，长久下去，公司很可能会解体。深知这一点的奥迫社长，抱着"要经营一个像样的公司"这个想法，参加了武藏野的现场参观学习会。

　　奥迫社长说："虽然要做的事有很多，但我还是先从创建工资体系（评价体系）做起。在这之后，我引进了对工资体系有利的环境整理术。"

　　Dr. Recella 的 50 名员工（当时），都是从各地搜集而来的优秀人才。奥迫社长刚下定改革的决心，就有很多员工辞职了。

　　奥迫社长说："改革总是伴随着痛苦，我也不例外。当时大约**有 3 成员工辞职了**。我一将环境整理工作与评价挂钩后，他们就意识到'今后光提升数字（销售额），是不行的'。因此，认为'无法做打扫卫生这种事'或'无法理解奥迪社长的想法'的人，都马上辞职了。但是，我觉得正因为他们辞职了，所以我们公司才能排出内部的'毒素'。"

奥迪社长从 2008 年开始录用应届毕业生。在"从各地搜集而来的优秀人才"离开、应届生员工进来后，环境整理意识很顺利地在员工的心中扎下了根。

据说，2007 年，他们刚开始整顿环境的时候，他们**仅仅花了 1天时间便整理出了用两辆荷载量为两吨的卡车才能装下的废弃物**。对此惊讶不已的奥迪社长，从那以后，**每年都腾出一天扔东西**。

奥迪社长说："即使每天都整顿环境，在每年扔东西这天，还是会整理出很多废弃物。今年（2014 年），我们整理出了**用 1 辆荷载量为 4 吨和 1 辆荷载量为 2 吨的卡车才能装下的废弃物**。虽然我个人觉得将这么多东西扔掉很可惜，但从公司经营的角度来看，还是扔掉为好。1 年多没使用的东西，第二年我们绝对不会用。

对公司而言，空间即成本。因此，我们公司每年都开展一次舍弃物品和信息的活动。"

Dr. Recella 将股长代理以上的干部称为"世话人"。所谓"世话人"，即为了让下属（团队成员）拥有更容易开展工作的环境而"提供帮助的人"——对于"世话人"而言，提供帮助比履行管理、监督、下指令、下命令等职责更重要。每年，Dr. Recella 都开展两次**"世话人集训活动"**。在集训活动中，世话人们边一起生活，边讨论今后的努力方向。

奥迪社长说："在集训活动中，岗位和年龄各不相同的世话人，分别说出自己的意见，并在说服别人前一直与大家讨论。因为在这种场合，每个人都可以各抒己见，所以成员间可以开展非常顺畅的沟通。在集训期间，**他们用同一口锅制作限制糖分的食物、一起吃饭。如此一来，他们自然能逐渐统一方向。**"

从"世话人集训活动"能统一干部的努力方向和想法这个意义上来看，我们或许也可以说它是环境整理工作的其中一环吧！对于不会喝酒的奥迫社长来说，它是"饮酒会"的最佳代替品，是加深干部之间的沟通的不可或缺的东西。

30　牧野祭典

....

（东京都）殡葬行业

全体一起整顿环境，可以培育团队的连带感

★员工在同一时间工作

★通过开展标杆学习，改善经营状况

★环境整理＝"丸子串"

牧野祭典株式会社（牧野昌克（49 岁）员工 30 名 / 总社：东京都练马区），是一家创业已 46 年的殡葬服务公司。

为了提供 100% 的支持，牧野祭典没有扩大营业范围，只以东京练马区为中心开展与当地有紧密联系的殡葬服务活动。

牧野祭典从 2006 年开始整顿环境。牧野社长说，在参加武藏野的现场参观学习会时，最让他吃惊的是**"地板"**。

牧野社长说："看到武藏野那闪闪发亮的地板，我很受打击。为了让我们公司的地板也这么干净，我不仅换了木纹与武藏野一样的地板，还从武藏野处买了蜡。但是，我怎么也擦不干净。起初我想毕竟只有我一个人擦，没有武藏野的地板干净也很正常。但后来我意识到是蜡出了问题。于是，我便买了浓度高的蜡。用新买的蜡擦地板后，地板变得闪闪发亮，我在心中想："就是它了！"

牧野社长的判断并不正确。

武藏野的地板闪闪发亮，不是因为我们用了浓度高的蜡。其实，使用浓度高的蜡，反而会出现拖布不好用或涂抹不均匀等相反的效果。武藏野的地板十分干净，是因为每天早上全体员工都将它擦得很彻底。

牧野社长说："闪闪发亮的状态只持续了一小会儿。好像是蜡不适合地板的缘故，时间一久，地板表面就变得粗糙了。"

牧野祭典之所以无法推进环境整理工作，是因为**员工们无法在同一时间开展环境整理工作。**

由于牧野祭典从9点30分开始营业，负责葬礼的员工和销售员，从早上开始就不在公司，所以无奈之下，牧野社长只要组织剩下的几个人整顿环境。然而，收效甚微。后来，牧野社长将每个月的某一天设为"环境整理指定日"，规定在这一天，全体员工都必须从8点开始做扫除工作。但由于每月只整顿一次，所以公司也没有因此变得干净多少。于是，牧野社长当机立断，制定了新的规则。

他规定：**凡遇到奇数日，全体员工必须在8点45分~9点15分这段时间里整顿环境；凡执行这一规定的人，每次奖赏500日元。**

牧野社长说："我觉得，只有让**大家集中在某个地方一起做什么，**环境整理工作才有开展的意义。如果公司里有3个员工，'3个人在同一时间整顿环境'和'3个人分别从9点、10点、11点开始整顿环境'相比，明显前者的效果要好一些。"

虽然也有声音说用钱激发干劲，并非正道，但因只会说些漂亮话而使结果变糟的社长，才是典型的无能社长。因此，牧野社长用钱激发干劲，做得很对。

　　牧野社长将"环境整理"比喻为"丸子串"。这种比喻，很有趣。

　　牧野社长说："在开展环境整理工作时，我需要将所有人联结成一个整体。从这个意义上说，**环境整理就像是'丸子串'**。很多人都认为，'虽然团体合作很最重要，但是起决定性作用的还是个人的力量。'确实，如果细看工作，就会发现，每项工作都是交给个人处理，个人的力量有时会被高度评价。但是，一味地强调个人的力量，就无法培育团队的连带感。因此，我认为，在我规定好'在什么时候怎么做'后，大家就应按照我的规定做。小 A 想将物品横着摆，小 B 想竖着摆，小 C 想斜着摆。如果每个人都可以按照自己的想法做，团队就会成为一盘散沙。而如果事先规定好'物品应竖着放'，小 A、小 B 和小 C，就能统一物品的朝向。"

　　牧野社长总是谦虚地说："环境整理工作还没有在我们公司扎下根。我们是殡葬服务公司，所以很擅长让公司表面看起来很干净。"而 Logix Service 株式会社的菊池社长则说："**8 年来，我之所以去牧野祭典视察 50 次之多**，是因为每次去，我都能学到东西。"

　　在牧野社长看来，有人视察牧野祭典，是求之不得的事。因为一有人来视察，公司就能得到进一步的改善。因为菊池社长常常来，所以他们就会想："在菊池社长再次光临之前，**即使不情愿，也要开展改进工作**"。

　　牧野社长说："如果有朋友来家里玩，我们不就得收拾自己的房间吗？我们也有类似这种心理。因此，每次在开现场参观学习会之前，我们都会**提心吊胆地开展改进工作**。如果小山社长每个月必定来我们公司视察一次，我们公司的改进工作会做得更好。因为我们不想出丑。"

附　录

环境整理工作的"基本 5 步"

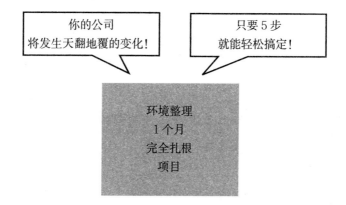

在读完本书后，"想引进环境整理术，却不知该从何做起"的人，我想应该有很多。

如果以自己的方式开展环境整理工作，大家往往会因不知"这么做是否正确"而没有信心继续做下去。

在这里，我为大家介绍环境整理工作的"基本 5 步"。

想要马上开始整顿环境的人，可以先花 1 个月时间，按照下面介绍的"5 步"，开展环境整理工作。

阅读本书，你可以学到并记住很多知识，但光记住这些知识，并不能让你的公司发生改变。

因为将这些知识用在实践中，才是最重要的一步。

步骤 1 制定合理的执行计划

□制定计划表，规定"何时、谁负责什么"。

□地板、厕所、车等"污垢明显"的地方，重点整顿。

□提前告知员工将于○月○日开展"环境整理检查"。

□事先决定好检查项目。

请根据自家公司的具体情况，调整武藏野在"环境整理扎根项目"中使用的"由 10 项目构成的环境整理检查表"（→221 页）。

□每天早上都和员工说："全体必须一起开展环境整理工作。"

□将开展环境整理工作的目的告诉全体员工。

□事先决定好参与检查的同行者。

步骤 2 舍弃 5 成物品（整理）

□明确哪些是必需品、哪些是非必需品。

□认为"或许哪天能用到"或觉得"扔了太可惜"的东西，更应该扔掉。

□以 1 个月内扔掉包括办公备品、消耗品、文件、私人物品、收件箱的邮件等在内的 5 成物品为标准。

□员工不知是否应该扔的东西，由社长下判断。

□将桌子里的物品全部倒出来整理。

步骤 3 统一物品的朝向（整顿）

□在结束整理工作（舍弃物品的工作）后，再开始做整顿工作。

□用颜色、记号、数字规定物品的摆放场所（→98 页）。

□经常使用的东西放在眼前，不怎么使用的东西放在里面。

□提前定好"哪个地方的整顿工作由○○负责"。

□让员工学会管理"数量"。

步骤 4 只花 15 分钟时间擦某个小地方（清洁）

☐在工作时间里开展清洁工作。

☐在环境整理意识扎下根前，早上只需花 15 分钟。

☐在擦地板的时候，每次只擦如报纸一样大小的范围。

☐边聊天边做，很重要。

☐做到擦过的地方和未擦过的地方一目了然的程度。

步骤 5 开展由 10 个项目构成的"环境整理检查"

☐干部和社长一起开展"环境整理检查"。

☐让检查结果与奖罚挂钩，如"偷懒的员工，少发奖金""非常努力的员工（部门），给发餐饮券"等。

☐没有拿到分数的地方，让员工开反省会反省并逐步改善。

☐不可采取突然袭击式检查。

☐计时检查，每次只检查 10 分钟。